日経文庫
NIKKEI BUNKO

日本のマネジメントの名著を読む

日本経済新聞社[編]

日本経済新聞出版社

まえがき

本書は、日本を代表する経営学者や経営者たちが執筆した名著10冊の内容と今日的意義を、ケーススタディをまじえながら紹介します。

ラインアップには、『失敗の本質』（野中郁次郎ほか著）『経営戦略の論理』（伊丹敬之著）など日本を代表する経営学者たちの主著が並びます。また、『論語と算盤』（渋沢栄一著）、『小倉昌男　経営学』のように、実業の世界で名を残した経営者の哲学・ものの見方を知ることができる本も紹介します。

取り上げるのは、有名な本、話題になった本ばかりですが、10冊すべてを読破した人はめったにいないはずです。特に忙しいビジネスパーソンにとっては、難しい内容の本や、時代背景の異なる古典にチャレンジするには、かなりの意志力が必要でしょう。

そこで、本書では経験豊富なコンサルタントやビジネススクールの人気教員たちが紹介者となり、自らが選んだお気に入りの本の内容を独自の事例分析を盛り込みわかりやすく解説してくれます。トヨタ、ソニー、アップルなど国内外の著名な企業の事例を用いるので理解しやすいはずです。

また、日本の企業や組織、そしてそこで働く人たちの特徴、弱み、強みが様々な視点から紹介されます。多くの日本人にとって、自分や自分の会社と重ね合わせて興味深く読むことができるでしょう。

これらのテーマについて、それぞれの著者がどのように論じているのか、比較検討しながら読むという楽しみ方もあります。第5章で、早稲田大学ビジネススクールの入山章栄准教授が、別々の知を組み合わせる「知の探索」の魅力と大切さを語っていますが、本書を読むことでまさにそれが可能になるのです。

本書を読んで、興味を持った著作があれば、ぜひオリジナルの本にもチャレンジして、味わいつくすことをおすすめします。

2016年7月

日本経済新聞社

本書は、日経電子版の「日経Bizアカデミー」および「NIKKEI STYLE出世ナビ」に2011年10月から連載されてきた「経営書を読む」（キャリアアップ面連動企画）の内容を抜粋、加筆・修正し、再構成したものです。同連載からは、本書の姉妹編となる日経文庫『マネジメントの名著を読む』『リーダーシップの名著を読む』『戦略・マーケティングの名著を読む』も刊行されています。

1 『失敗の本質』寺本義也、野中郁次郎ほか著
――現代日本企業への教訓と示唆　15

梅澤高明（A・T・カーニー）

2　『戦略不全の論理』三品和広著
――日本企業の慢性的な低収益病の要因　51

梅澤高明（A・T・カーニー）

3

『知識創造企業』野中郁次郎、竹内弘高著

――失われた？　日本企業の強さの源泉　85

岸本義之〈〈執筆時〉ブーズ・アンド・カンパニー〉

6　『会社は頭から腐る』冨山和彦著

目　次

9　『論語と算盤』渋沢栄一著
——「日本実業界の父」の経営哲学　255
奥野慎太郎（ベイン・アンド・カンパニー・ジャパン）

1

『失敗の本質』
寺本義也、野中郁次郎ほか著

――現代日本企業への教訓と示唆

梅澤高明（A・T・カーニー）

失敗の本質――日本軍の組織論的研究　中公文庫、1991年／鎌田伸一、杉之尾孝生、寺本義也、戸部良一、野中郁次郎、村井友秀

1 題材は「日本軍」――敗戦を招いた「あいまいな目標」

本章では寺本義也、野中郁次郎など6人の著者による『失敗の本質』を取り上げます。太平洋戦争で行われた6つの作戦における日本軍の失敗を緻密に分析した事例研究です。

本書を取り上げるのは、その指摘の多くが、現代の日本企業が抱える課題にそのまま重なっているように感じるからです。半世紀以上前の日本軍を題材とする分析が、現代の日本の組織（民間企業でも行政組織でも）に残る課題をえぐっていることに、驚きを覚えます。経営者や管理職など組織に関わる全てのプロフェッショナルに、貴重な教訓と示唆を与える名著です。

本書は日本軍の失敗を戦略と組織の2つの側面から指摘します。戦略上の失敗は、あいまいな戦略目標、主観的で「帰納的」な戦略の策定などの5点。組織上の失敗は、人的ネットワーク偏重の組織構造、学習を軽視した組織などの4点に集約されます。

「戦略上の失敗」という面で致命的だったのは、明確な戦略目標と戦略のグランド・デザインの欠如でした。著者は「目的のあいまいな作戦は必ず失敗する」と述べています。開戦時点で、日本は太平洋戦争の到達目標をどう定義していたのでしょうか。本書では「ある程度の人的・物的損害を与え南方資源地帯を確保して長期戦に持ち込めば、米国は戦意を喪失し、その結果としての講和がなされようという漠然たる」目標しかなかった、と分析しています。

一方の米国は、日本本土への直接上陸作戦による戦争終結を目標とします。そのために「中部太平洋諸島を制圧して前進基地を確保する。同時に封鎖によって日本の補給線を絶つ。最終的には日本本土を空襲し、軍事抵抗力を破壊する」という明確な戦略を、開戦後まもなく打ち立てます。

目的のあいまいな作戦が失敗するのは、企業経営においても同じです。本書で取り上げた6つの作戦には「いくつかの陸海協同作戦も含まれていたが、往々にして両者の妥協による両論併記的折衷案が採用された」と述べられていますが、皆さんの会社でも、部門をまたぐ重要な戦略意思決定において、こんな光景が繰り広げられてはいないでしょうか。

［ケーススタディ］アップルと日本のメーカーは何が違ったか

◆日本軍の特性＝日本企業の特性？

『失敗の本質』では、ノモンハン事件、ミッドウェー作戦、ガダルカナル作戦、インパール作戦、レイテ海戦、沖縄戦の6つの作戦において共通して見られた日本軍の戦略の特性を、米軍と比較する形で次のように要約しています。

ここからは、戦略の「グランド・デザイン」の威力を、アップルの携帯音楽プレーヤー「iPod（iTunes）」と、日本のエレクトロニクス企業のデジタル音楽プレーヤーを対比する形で見てみましょう。

アップルのスティーブ・ジョブズは2001年に、ハードウェア、ソフトウェア、オペレーティングシステムを融合し、「デジタルカメラ、ビデオレコーダーやデジタル音楽プレーヤーなど情報家電製品群の中心にマッキントッシュが位置し、各デバイスが扱うマルチメディアデータの編集や同期を行う」という「デジタルハブ構想」を打ち出します。「デジタルライフスタイル」のあらゆる側面をパソコンで管理し、「デジタル機器によるコンテンツの新しい楽しみ方」を提案する大きなビジョンです。

デジタルハブ構想の発表と同時に、音楽再生・管理ソフト「iTunes」の無償配布を

1　『失敗の本質』寺本義也、野中郁次郎ほか著

図1-1

	日本軍	米軍
目的	不明確	明確
戦略志向	短期決戦	長期決戦
戦略策定	帰納的（インクリメンタル）	演繹的（グランド・デザイン）
技術体系	一点豪華主義	標準化

開始します。当時、多くのパソコンユーザーがナップスターなどのファイル共有ソフトを使い、著作権を無視した音楽ファイルの共有が盛んになっていました。ｉＴｕｎｅｓは、ＣＤからパソコンにリッピングしたファイルに加えて、共有ソフトで入手したファイルの管理に威力を発揮しました。

数カ月後に、アップルはデジタル音楽プレーヤー「ｉＰｏｄ」を投入し、デジタルハブ構想の大きな一歩を踏み出します。せいぜい10数曲しか保存できず、操作性もいまひとつという先行各社のプレーヤーを尻目に、「１０００曲をポケットに」のキャッチコピーで登場したｉＰｏｄは一気に市場を席捲します。

◆「デジタルハブ構想」を作ったアップル

ｉＰｏｄとｉＴｕｎｅｓは、オートシンクロ（自動同期）機能で結ばれています。多数のユーザーに無料ソフトの

ｉＴｕｎｅｓをばらまき、そこからｉＰｏｄの購入に誘導するという仕掛けです。さらに、当初はマッキントッシュ対応バージョンだけだったｉＴｕｎｅｓにも、ウインドウズ版を加えて展開します。少数派のマッキントッシュユーザーだけでなく、ウインドウズユーザーにもｉＰｏｄを売り込むという顧客層拡大の戦略が、その後のアップルの飛躍につながりました。

ナップスターをはじめとするファイル共有ソフトが横行するなかで、レコード会社も楽曲の有料配信サイトを立ち上げます。しかし、５大メジャー会社が２つの陣営に分かれて配信事業を立ち上げたため品ぞろえに限りがあり、またストリーミング配信のみでプレーヤーにダウンロードすることもできなかったため、消費者の支持を得られずにいました。

そのようななかで、アップルはiTunes Music Store（現iTunes Store）を立ち上げます。原版権を持つレコード会社や有名アーティストと粘り強く交渉し、５大メジャーの持つ20万曲を揃えて２００３年にサービス開始に漕ぎ着けます。有名アーティストの楽曲がレーベル横断で並び、楽曲単位でダウンロードできて、かつ１曲99セントという画期的なサービスの誕生です。ｉＰｏｄとiTunes Music Store の事業全体で、長期で採算がとれればいいと考えるアップルならではの思い切った戦略でした。iTunes Store の楽曲販売は、数年間で、ウォルマートのCD売り上げを凌ぐビジネスに成長します。

「デジタルハブ構想」で提唱されたように、パソコンによる楽曲ファイルの管理、デジタル音楽プレーヤーによる楽曲の持ち運び、パソコンと複数のプレーヤー間のファイルの同期、そして豊富な楽曲のダウンロードを自由自在に行える「顧客の体験」を、ジョブズは早い時期からイメージしていました。豊かなデジタルライフスタイルを実現するためには、これらすべての要素がシームレスに統合されることが必要でした。

◆グランド・デザイン＋継続的進化

アップルは、このビジョンを実現するために、顧客の音楽消費体験の全体を自らコントロールすることを選択し、iPodとiTunesの機能進化と、iTunes Store の品ぞろえの拡充を、同時並行で継続的に進めました。初代iPodの登場以来、その小型化と機能やデザインの進化が常に注目されてきましたが、アップルの戦略の本質は、ハードウェアの進化だけで語れるものではありませんでした。

一方、日本のエレクトロニクス企業は、iPodの競合製品にあたるデジタル音楽プレーヤーの開発に注力し、ハードウェアとしてそれなりの機能を持つ製品は開発したものの、

iTunes Storeの持つ楽曲の品ぞろえに比肩しうるサービス、ハード・ソフト・コンテンツが高度に融合した利便性の高い生態系を実現することはできませんでした。

これは、iPod（iTunes）のように、消費者のコンテンツ消費スタイルを非連続に進化させるという明確な戦略目標がなく、ハードウェア・メーカーとして、優れた製品を開発することにしか努力が向けられなかった結果と見えます。明確な世界観に基づいて、ハードの性能とユーザーインターフェース、ソフトの機能性、コンテンツの品ぞろえを統合的に設計するグランド・デザインと、その生態系全体を継続・進化させたアップルの取り組みに対して、日系メーカーのハードウェア一本槍の「狭い」戦略が太刀打ちできなかった事例と言えます。

アップルのグランド・デザインは、「iPhone」と「iPad」の投入を経て、さらに拡大と進化を続けています。これらの様々な端末を1つの世界観でデザインしただけでなく、「iCloud」というクラウドサービスと組み合わせることで、パソコンとつながなくてもすべてのコンテンツを様々な端末の間で手軽に共有できる、新しいデジタルライフスタイルを実現しました。戦略のグランド・デザインと、その継続的進化の好例と言えるでしょう。

なお、一部の日本企業の名誉のために付け加えると、この「日本軍 vs. 米軍」の対比をそのまま「日本企業 vs. 米国（欧米）企業」に置き換えるのは、単純化が過ぎると思います。むしろ「普通の企業 vs. 持続的な成功を収める優れた企業」の対比と捉えるのが正確です。欧米企業の中にも、ここでの「日本軍」に類似する企業は少なからず存在します。しかし同時に、業種や規模の大小を問わず、多くの日本企業が、戦略の視野狭窄《きょうさく》と「グランド・デザインの欠如」という病にかかっていることも、また真実だと思います。

2　戦略パラダイム――成功体験から抜け出せず

『失敗の本質』では、日本軍の戦略志向や基本的な勝ちパターンの認識、すなわち「戦略パラダイム」について詳細に解説しています。太平洋戦争当時の日本軍の戦略は、陸・海軍ともに、時代遅れで柔軟性に欠けるパラダイムに支配されていました。

帝国陸軍は「作戦要務令」において「軍の主とするところは戦闘なり。戦闘一般の目的は敵を圧倒殲滅して迅速に戦勝を獲得するに在り」と定め、戦略ではなく「戦闘」重視の志向を明確に打ち出しています。

戦闘において中核となる思想は「白兵戦思想」でした。「陸上戦闘において戦勝を獲得するカギは、白兵戦における最後の銃剣突撃にある」というものです。白兵戦へのこだわりは、西南戦争（1877年）での薩摩軍の突撃、日露戦争での「二〇三高地」の肉弾攻撃による勝利（1904年）など、過去の戦闘の経験から形成されたものでした。

陸軍はこの白兵戦のパラダイムを太平洋戦争末期に至るまで維持し、さらに軍事力の量的・質的劣位もあって「必勝の信念」という精神主義に傾倒していきます。

一方、海軍の戦略パラダイムは大艦巨砲（巨大な大砲を積んだ大型戦艦）を主力に据えた艦隊によって雌雄を決するという「艦隊決戦主義」でした。日本海海戦（1905年）でバルチック艦隊に圧勝した瞬間が「艦隊決戦に勝利を得れば、戦争そのものの帰趨にも決定的な影響が与えられるという艦隊決戦主義の誕生であった」と本書では分析しています。

しかし実際には、太平洋戦争において、艦隊決戦で決着がついた作戦は1つもなかったとされます。ほとんどの作戦において、陸・海・空軍の連携プレーや情報戦の巧拙が、勝敗を分ける分岐点となっています。日本軍の戦略パラダイムが、兵器や戦闘技術体系の進化の結果、完全に時代遅れになっていたことは明らかです。

企業においても過去の成功体験に基づいて形成され、組織に共有される「戦略パラダイム」が、事業環境と合わなくなっているケースが少なくありません。日本軍と同じ轍《てつ》を踏まないために、冷静に振り返ってみる必要があるかもしれません。

［ケーススタディ］ダイエーに見る栄光と没落

事業環境が大きく変化したにもかかわらず、戦略パラダイムを変えられずに衰退に向かった事例として、「総合スーパー」（日本型ＧＭＳ：General Merchandise Store）の代表格、ダイエーがあります。

総合スーパーは「チェーン・オペレーション」「セルフサービス」「幅広い品ぞろえ」を特徴とし、食料品・日用雑貨・衣料品・家電製品など、広範な品ぞろえで消費者にワンストップ・サービスを提供する業態です。日本では１９６０年前後に、ダイエー、ヨーカ堂（現イトーヨーカ堂）、岡田屋（後のジャスコ、イオン）がセルフサービスを導入し、チェーン展開と品ぞろえの拡大を開始します。その後、総合スーパー各社は急成長を遂げ、１９７０年代前半には、食品スーパーを含むスーパー業態が百貨店業態の売上高を抜きました。

なかでも、ダイエーは「流通革命」を標榜し、「良いものをより安く」のスローガンで快進撃を続けます。１９７２年には、小売企業の売上高ランキングで、三越を抜いてトップに立ちます。その戦略パラダイムは、「画一的・標準的な商品を低価格で大量販売」するというものでした。

総合スーパーの急成長を支えたのは、「大衆消費社会」の到来でした。高度経済成長と所得向上、都市への人口流入を背景に、巨大な中間層が出現しました。加えて、テレビの普及とCMのパワーによって、幅広い家庭にナショナルブランドが浸透しました。商品知識を得た消費者は、加工食品も日用雑貨も、抵抗なくセルフサービスで購入するようになります。

一斉に豊かになった中間層の消費者、特に都市部の核家族は「欧米流の豊かな生活」を実現すべく、ダイニングキッチン付きの集合住宅に住み、「三種の神器」と呼ばれた電気洗濯機、電気冷蔵庫、白黒テレビを横並びで買いに走ります。同じ頃、食生活の近代化に伴って加工食品の消費が増加し、女性服の既製服化が進みました。

これらを背景として、全国一律の品ぞろえ、売れ筋のナショナルブランド製品の大量仕入れ・大量販売により、総合スーパーは小売業で初めて「仕入れの規模の経済性」を実現します。メーカーにとっても、自社製品の大量生産を可能とする販売経路として、総合スーパーが最重要チャネルとなります。「大量生産＝大量販売＝大量消費」時代の社会インフラであったと言えます。

◆総中流化完了で消費ニーズが多様化

しかし、このような事業環境は、1970年代から急速に変化を始めます。日本社会の「総中流化」が完了したのです。所得水準で欧米へのキャッチアップが実現し、三種の神器の普及率はほぼ100％に達しました。

欧米流の「豊かな生活」を象徴する一連の製品が国民全体に行き渡った後には、消費の多様化・個性化が始まるのが自然な流れでした。これが顕在化したのが1980年代です。メーカーも「差別化」を合言葉に「大量生産」から「多品種少量」へ舵《かじ》を切って、多様化する消費ニーズに対応しました。

軌を一にして、小売業態の多様化が本格化します。コンビニエンスストアやホームセンター、そして、家電量販店、衣料専門チェーン、ドラッグストアなど様々なカテゴリーキラーの確立です。バブル期に入ると、総合スーパーは、顧客の高級志向に追随して品ぞろえの上方シフトを進めます。その間隙を縫って、大型専門店やドラッグストアが成長を続けました。

特に、ヤマダ電機、しまむらなどの大手カテゴリーキラーは、それぞれの専門領域において品ぞろえのスキルに優れ、在庫回転率が高く、商品原価率・販売管理費比率の両面で、総合スーパーに勝るコスト効率を実現します。こうして、それぞれのカテゴリーにおいて、総合スーパーは顧客を次々に奪われていったのです。

バブル崩壊後は、1人の消費者がカテゴリーやTPOによって、「こだわり消費」と「低価格志向」を使い分ける「消費二極化」が進みます。総合スーパーは、こだわり消費に堪えられる品ぞろえもなく、価格競争力でも大型専門店に敵わない、という八方ふさがりの状態でした。

1990年代以降、流通各社の総合スーパー事業は低迷を続けます。それに対応して各社は、専門店を中核テナントとして組み込むショッピングセンター、都市型の食品スーパー、ディスカウントストアやスーパーセンターへの業態転換と、プライベートブランド（PB）の拡大に活路を求めます。

ダイエーも業態転換とPB強化を試みるものの経営不振が続き、2004年、産業再生機構の支援下での経営再建に入ります。引き金となった過剰債務の背景には、大量の自社保有不動産の価値下落と、攻撃的な多角化展開の失敗という、同社固有の負の遺産があったのは事実です。

しかし、ダイエー衰退の最大の要因は、「画一的・標準的な商品を低価格で大量販売」するという戦略パラダイムを捨てられず、消費ニーズと業態の多様化の中で、その存在意義と競争力を完全に失ったことでした。

［ケーススタディ］航空会社に見る戦略パラダイム不適合

戦略パラダイムの不適合のもう1つの事例として、米国のレガシー・キャリア（デルタ航空、アメリカン航空、ユナイテッド航空などに代表される、伝統的な大手航空会社）を取り上げます。

レガシー・キャリアの戦略パラダイムは、「全ての顧客層のニーズに満遍なく応える」ことでした。「ファーストクラス」「ビジネス」「エコノミー」という形で、富裕層やエグゼクティブ、ビジネス客、ホリデー旅行客といったすべての顧客セグメントをカバーし、かつ主要路線を満遍なく押さえることが追求されていました。

ドル箱のビジネス客と正規運賃のエコノミー客は、高い利便性を求めます。目的地までの路線が頻繁に運航されており、結果として時間の自由度があること、またフライトの遅延・欠航があった場合でも待ち時間を最小化できることが重要でした。実際にある研究では、「航空会社の特定路線における便数シェアが一定水準を超えると便数シェアの伸び以上に旅客シェアが伸びる」という「S字カーブ効果」が報告されています。

利便性のニーズを満たすために、「主要路線をカバーし、また路線ごとのシェアを高めるために、主要空港で発着ゲートをより多く確保する」ことが競争戦略上の最大のポイントでした。

ローコスト・キャリア（LCC）の登場と成長が、こうした「業界の常識」を覆していきます。米国では、1971年にテキサス州で運航開始したサウスウェスト航空が代表例です。

◆第2空港活用で運航頻度を向上

当初のサウスウェストの戦略は、ある程度の旅客ニーズが見込める特定の地方路線で、格安運賃に反応する顧客層だけを狙う集中戦略でした。「全ての顧客層のニーズ」に応えることは放棄し、従来は自動車やバスで移動していた新規顧客層と、レガシー・キャリアの顧客層の中でも価格感応度の高いエコノミー顧客の取り込みを狙います。

LCCのオペレーションには、低コスト構造を実現するためのいくつかの特徴があります。郊外の小空港（第2空港）の活用、レガシー・キャリアの用いる「ハブ&スポーク」モデルではなく、ポイント・トゥ・ポイント（A空港とB空港の単純な往復）のシンプル・ローテーション、機種の統一と集中購買、機内サービスの簡素化と乗務員の多能工化などです。特に第2空港の活用は、空港利用料の抑制というメリットだけでなく、空港の混雑が少ないため定時性の改善と運航頻度の向上につながり、これが機材・人員の稼働率向上（結果として固定費比率の低下）に大きく寄与しました。

景気低迷期には、レガシー・キャリアの多くが赤字に転落しましたが、サウスウェストは、これらの効率的なオペレーションが奏功し、一貫して黒字経営を続けました。

1978年の航空自由化政策によって、米国内の飛行の自由化と価格の自由化が実施されると、サウスウェストは米国南西部を中心に、その勢力をじわじわと伸ばしていきます。レガシー・キャリアの多くは、同社を撤退に追い込むために、競合路線では低価格で対抗します。しかし追い出しには失敗し、他路線での利益を無駄につぎ込むだけの結果に終わりました。

コスト構造と収益力に勝るサウスウェストは、路線拡大、便数増加、新型機種導入への投資を継続し、いつしか「利便性」でもレガシー・キャリアに劣らない存在になります。さらに他のＬＣＣの買収も含めて路線規模の拡張を続け、全米に路線網を持つ大手航空会社に成長。２００９年には、年間輸送旅客数で世界最多のエアラインとなりました。

多くの顧客の「低価格で相応の利便性を」という潜在的なニーズを、ＬＣＣは新たなビジネスモデルで顕在化させ、新規需要の創造と競合からのシェア獲得を実現しました。その結果、「全ての顧客層のニーズに満遍なく」応えていたレガシー・キャリアの戦略パラダイムが機能不全に陥り、経営不振や倒産につながっていきました。

3　システム思考――バランスを欠いた日本

『失敗の本質』では、日本軍のバランスを欠いた戦闘技術体系やシステム思考の欠如が、軍事システム総体としての競争劣位を招いたことを分析しています。ここでは海軍を例に問題点を検証しましょう。

1点目が、兵器の体系のアンバランスです。海軍は「一点豪華主義」で世界最大級の戦艦「大和」「武蔵」を建造しました。しかし、それ以外の艦艇や爆撃機・偵察機の多くが旧式で性能が低く、艦隊としての組織戦の能力に劣ったため、大和・武蔵ともに持てる力を最後まで発揮することなく海底に沈みます。

2点目が防御の軽視です。航空母艦、戦闘機、攻撃機などの多くが、攻撃力を重視する一方で「防御という点では技術的に見て著しく不備」でした。ぎりぎりの軽量化で世界最高のスピードを誇りながら防御に弱かった「零戦」がその典型です。

3点目が情報・諜報活動の軽視。日本軍は、無線、レーダーなど通信・捜索システムの整備と運用で劣り、ミッドウェー海戦では暗号解読により日本軍の行動を察知した米軍が、先制攻撃を通じて勝利します。

4点目が燃料補給など兵站《へいたん》の軽視です。「海上交通保護の軽視によって、輸送途中の貴重な兵員や物資をやすやすと敵潜水艦や航空機の攻撃にさらし、しばしば作戦遂行に甚大な支障をきたした」とされます。

兵器を供給するサプライチェーンにも課題がありました。太平洋戦争の期間を通じて、日本の主要艦艇の建造数は米国の約4分の1。航空機の生産量は米国の2～3割でした。しかし本書は「兵備生産量の差を物理的な面での国力の差のみに還元することは正しくない」と論じます。

米軍は太平洋戦争が一大消耗戦であり、兵器を大量に生産し続ける必要があると認識し、兵器の開発では徹底した標準化と量産化を追求しました。そのため、艦艇の種類も絞り、できるかぎり設計を変更せずに同型艦を大量生産します。一方、日本は「一品生産的なつくり方」でした。攻撃、防御、情報、補給をトータルで考えて技術体系や体制を構築しなかった日本は、システムの総合力で米軍に敗れたと言えます。

［ケーススタディ］エレクトロニクス産業から推察する未来の自動車産業

日本軍が過去の戦略パラダイムに固執して進化を止めていたのに対して、米軍は陸・海・空軍のフォーメーションや諜報活動の高度化など、技術体系の進化を続けました。このような「戦闘技術体系」の進化は、企業に置き換えれば、ＫＳＦ（事業の成功の鍵）の変化に対応した「ケイパビリティ（能力）」の進化を意味します。ここでは、新たな事業環境に適合するために、どんなケイパビリティを獲得・進化することが必要になるのかを、具体的な事例で考えます。題材は、未来の自動車産業。これを、エレクトロニクス産業の過去の構造変化を参照しつつ、大胆に考察してみたいと思います。

エレクトロニクス産業は、興味深い構造変化の事例を提供しています。要約すれば、「インテグラル（擂り合わせ）型」から「モジュール（水平分業）型」へ、そして「ネットワーク型」への転換です。

インテグラル型の産業構造とは、各社がデバイスの設計・製造から最終組み立てまでのバリューチェーンを垂直統合する姿です。テレビでいえば、各プレーヤーが、CRT(ブラウン管)ディスプレー、コントロール回路、電源などの主要デバイスをそれぞれ独自規格で設計し自社で生産する形態です。IBMの参入(1981年)以前のパソコン業界もこの状態でした。インテグラル型の産業構造では、各デバイスの性能に加えて、バリューチェーンの摺り合わせの巧拙が、最終製品の性能、品質、コストを大きく左右しました。

ガソリンやディーゼルなど、内燃機関によって駆動する従来の自動車も、垂直統合の産業構造の中で作られています。エンジン、電子制御ユニット(ECU)、シャシー、車載LANなどの主要デバイスを完成車メーカーの独自仕様で開発し、その多くを自社あるいは系列サプライヤーで生産する方式です。

インテグラル型の産業構造の中で、求められる主要なケイパビリティは、内燃機関や制動・操舵などに関する要素技術、主要デバイスと完成車に関して最適な品質・コストを実現する製造技術、高度の摺り合わせを行いながらサプライヤー・ネットワークを組織、管理するスキルです。

◆「モジュール型」へのシフト

パソコン業界は1980年代、テレビ業界は2000年代前半に、「インテグラル型」から「モジュール型」への産業構造のシフトが始まります。製品技術のデジタル化、デバイス間のインターフェースの標準化が進み、デバイスの組み合わせが容易となった結果、汎用デバイスを量産するメーカーと、デバイスを外部調達して最終製品を組み立てる完成品メーカーの分業が起こる構図です。テレビを例に取れば、LCD（液晶ディスプレー）、LSIなどのデバイスを、複数の完成品メーカーに供給する水平分業プレーヤーの登場です。モジュール化の進展とともに、最終製品の価格が大きく低下し、同時に業界全体の利益プールもデバイス製造にシフトします。

モジュール型の産業構造においては、規模の経済性の利くデバイスの生産・供給量で他社を凌駕《りょうが》し、圧倒的なコスト競争力を手にすることがKSFとなります。液晶テレビでは、LCDのパネル供給力で他社を圧倒する韓国のサムスン電子が、競合に比べて高い利益率を実現しました。さらに、技術のデファクトスタンダード（事実上の標準）を確立できれば、そのリードは盤石なものとなります。パソコン業界のマイクロソフトやインテルが好例です。

自動車産業でもEV（電気自動車）へのシフトが、インテグラル型からモジュール型へのシフトを引き起こす可能性が高いと考えられます。バッテリー、モーター・インバータ、制御システム、車載LANなどが、それぞれモジュールとして独立性を高め、業界構造の水平分業化が進む姿です。

特に、EVの生産原価の中でバッテリーは最大の要素です。近い将来、EV用の標準バッテリーセルを複数の完成車メーカーへ供給することで、調達・生産の規模の経済性を実現する水平分業型プレーヤーが現れることも想定されます。

EV化の時代には、完成車メーカーが持つべきケイパビリティも大きく変化します。バッテリーを含めた主要デバイスの内製を続ける前提であれば、従来のコアケイパビリティである機械系技術に加えて、エレクトロニクス関連の幅広い技術、さらにはバッテリーに関わる化学系の技術も不可欠となります。

モジュール型の産業構造への転換は、競争環境の複雑化、戦略的な自由度の拡大を意味します。その中で、戦略的な意思決定のスキルがその重要性を増します。デバイスと最終製品を併せ持つ事業ポートフォリオのマネジメントや、性能・コストの両面でデバイスの競争力を維持する投資マネジメントなどが、事業の命運を大きく左右するからです。

◆「ネットワーク型」へのシフト

パソコン業界は、2000年代後半から携帯通信業界と融合し、「モジュール型」から「ネットワーク型」の産業構造にシフトしています。パソコン、スマートフォンなど様々な端末がネットにつながり、「クラウド化」の進展とともに、ストレージやアプリケーションの多くがネットワーク側にシフトしました。端末のハードとしての性能進化が頭打ちになる一方で、顧客にとっての価値創出のポイントは、端末横断型のサービスやプラットフォームに移ります。その結果、アップルやアマゾンなど、顧客基盤を握り優位なプラットフォームを構築するプレーヤーが大きく成長しました。

自動車産業でも「コネクテッドカー」、すなわち「常時ネット接続のICT端末」としての機能を有する自動車が普及しつつあります。アップル・カープレイやグーグルのアンドロイドオートなどの車載インフォテインメント、あるいはADAS（先進的運転システム）や自動運転と言った新たな価値の創造です。

また、EVが分散型電源として活用されるシナリオもあります。駐車中のEVがスマートグリッド（次世代送電網）に接続され、充電だけでなく、家庭・ビルや地域の電力網に電力を供給するのです。

自動車の「情報端末化」や「分散型電源化」は、ネットワーク型産業構造へのシフトの可能性を意味します。個々の車両上のデータがクラウド上のプラットフォームに集約され、自動運転支援や様々なサービス提供・課金が行われる姿です。

この産業構造の下では、自動車、地図情報、インフォテイメントのサービスを含む全体の生態系を設計し、OSや各種インターフェースの業界標準を押さえるプレーヤー、あるいはADASなどの重要モジュールを押さえる水平分業プレーヤーが、主導権を握る可能性が高いと言えます。

既存の完成車メーカーが、ICTプラットフォームプレーヤー（例：グーグル）やADASモジュールサプライヤー（例：コンチネンタル）の軍門に下ることなく、主導権と利益を確保するためには、自社の事業領域やケイパビリティを大きく拡大する必要があります。機械系の技術、エレクトロニクス・化学関連の技術に加えて、ICTや人工知能（AI）におけるスキルが不可欠となるでしょう。

世界市場での勝ち残りを目指すのであれば、ADASやインフォテイメントの関連規格で、自社に優位な国際標準規格を確立することも不可欠でしょう。そのための企業連合の形成も必要となりそうです。

このように、ＥＶやコネクテッドカーが主流となる世界においては、自動車産業の周辺産業との融合が進み、そのＫＳＦも大きく変化します。その中で自動車メーカーも、新たな製品・製造技術の獲得のみならず、従来とは異次元のケイパビリティの構築が必要となるのです。

4　組織の特性——学習軽視など4つの欠陥

『失敗の本質』では、組織特性の面でも日本軍の問題を鋭く指摘します。

1点目が、組織目標の達成よりも、組織内の人間関係を重視する情緒的な「日本的集団主義」です。例えばノモンハン事件では、現地軍の体面を重んじて、中央部による作戦終結の方針決定が遅れ、不必要な戦線拡大と資源の浪費につながりました。

また、陸軍大学校卒のエリート参謀は、しばしば正式な指揮命令系統を無視して指揮権に介入します。このような属人的な意思決定の横行やお互いの体面への配慮は、根回しや腹の探り合い抜きには意思決定が進まないという、軍事組織として致命的な欠陥をもたらしました。

2点目が、複数の軍事組織を「統合するシステムの欠如」です。米軍では、陸・海軍の参謀組織を統括する統合参謀本部が設置され、これを大統領が直接指揮しました。一方、日本軍の大本営では陸・海軍の協議が整わない場合に裁定を下せるのは天皇だけでしたが、「天皇は個別の問題に対して、進んで指揮、調整権を行使することはなかった」とされます。

3点目が「学習の軽視」です。装備の近代化で後れをとった日本軍は、兵員の増加に努め、精神力の優位性を強調しました。緒戦の真珠湾攻撃やマレー沖海戦で米英の誇る艦隊を航空攻撃で撃破したのは日本軍です。しかし、これらの敗退から学習したのは米軍でした。彼らは、それまでの大型戦艦建造計画を中止し、航空母艦と航空機の生産に全力を集中、次第に優勢な機動部隊を作り上げていきます。

対する日本軍は、精神力の優位性を強調し、過去に成功した勝ちパターンを教条的に繰り返しますが、対応策を進化させた米軍に阻まれて失敗を重ねます。「失敗した戦法、戦術、戦略を分析し、その改善策を探求し、それを組織の他の部分へも伝播していくということは驚くほど実行されなかった」と本書は厳しく指摘します。

4点目が「個人責任の追及の甘さ」です。明らかに無謀な作戦を主導したケースでも、積極論者の過失に対して軍部は寛大でした。「個人責任の不明確さは、評価をあいまいにし、評価のあいまいさは、組織学習を阻害し、論理よりも声の大きな者の突出を許容した」のです。

[ケーススタディ] 破綻したＪＡＬと日本軍の共通性

『失敗の本質』が指摘する日本軍の組織特性の問題は、程度の差こそあれ、現代の日本企業にも散見されます。ここでは、企業再生支援機構の支援下に入る以前の日本航空（ＪＡＬ）を事例に、その組織面での問題点を見てみます。

ＪＡＬの破綻に至る原因調査の一端を担った「コンプライアンス調査委員会」の報告書（２０１０年８月）は、第４章「組織体質上の問題点」で次の４点を挙げています。

(1)「沿革に起因する官僚依存の体質」：特殊法人として設立され、長年、運輸省航空局にコントロールされてきた歴史から培われた依存体質

(2)「事業特性に起因する採算性軽視の体質」：航空運送という事業の公共性、および安全性維持の重要性から、採算性維持の意識が後退

(3)「組織の一体性欠如に起因する閉塞的体質」：本社と現場の乖離《かいり》、組織縦割りのセクショナリズム

(4)「重要課題先送りに起因する無責任体質」：経営効率化に必要な課題解決の先送り、事業計画の未達成と責任追及の不在

◆日本的集団主義と組織統合の機能不全

(3)「組織の閉塞的体質」の項では、いくつかの現象が指摘されています。まず、「本社と現場が遊離して相互の交流が少なく、本社と現場がいわゆるキャリアとノンキャリア類似の関係となっており、本社による現場を軽視した企画の策定が行われることなどから、現場の本社に対する不信感が醸成」されていた問題です。これは、日本軍の司令部と現地軍の関係と相似形と言えます。

◆責任追及の弱さと学習の軽視

報告書は、「企画部門、財務部門、営業部門などの各部門の業務の独立性が強いとともに閉鎖性が強く、部門間の情報交流や部門内の各部署間の情報交流が不十分」という問題も挙げています。同社では、官僚とのパイプが強い企画・管理系、旅行代理店との関係が強い営業系、そして社内各種組合との関係が強い労務系がそれぞれの派閥を形成し、主導権を争っ

たと報じられています。属人的なネットワークを軸とする「集団主義」が組織の機能を低下させる、日本企業にありがちな弱点が見てとれます。

分析はさらにこう続きます。「各部門や各部署において抱えている問題点や課題を相互に理解することが困難であるため、会社全体や事業全体の具体的な課題が共有されづらく、各役職員の職務意識が内部的な目標達成にのみ向けられるなど、セクショナリズムに陥っている面が多々見受けられた」。運航、乗務、保守、地上サービスなどの各機能が一体となって航空サービスが提供されるわけですから、部門横断での戦略とオペレーションの統合はとても重要です。この働きが弱いことは「組織統合の機能不全」と言えそうです。

(4)「重要課題先送り、無責任体質」の項では、「かねてから収益確保とコスト削減による経営の効率化の必要性が指摘されており、そのために取り組むべき課題は多くかつ明らかであった。しかし、これらの重要課題を解決するためには、地方自治体や政治家、労働組合などとの交渉が必要である上、自らの痛みを伴うこともあって、これに正面から取り組むことを避け、先送りを続けてきた」と述べています。

その結果として「種々の計画が毎期策定されるものの、未達成あるいは失策に終わることが多く、そのことに対する原因究明や責任追及などの批判的検討がなされないまま、新たな計画策定をもってそれに代えてしまうことが繰り返された」との厳しい指摘です。

◆すべての問題があてはまる

確かに、2000年代後半には、「企業改革方針」（2005年11月）、「再生中期プラン」（2007年2月）、「新再生中期プラン」（2008年2月）など、頻繁にリストラプランが発表されました。経営環境が厳しさを増すなかで、毎期の収益計画が未達に終わることが多く、計画の見直しが続いたことがわかります。

報告書は、破綻に至った原因として、イラク戦争や重症急性呼吸器症候群（SARS）などのリスクイベントによる国際線の収益悪化、2005年の日本エアシステム（JAS）との統合に危機感を抱いた競合他社の営業努力と自社の安全問題による顧客の脱落に加えて、「不採算路線からの撤退や思い切った人件費の削減に踏み込めず、高コスト体質が温存」されたことを指摘しています。2000年代後半のJALは、これらのリストラプランを材料に、銀行団からの追加融資や取引先からの増資を受けてきた歴史ですので、度重なる計画未達についての責任追及が弱かったと言われるのもやむなしでしょう。

失敗に関する原因究明の弱さ、「学習の軽視」の兆候は、他の面でも見てとれます。同社の財務体質が悪化してきた要因として、2つの財務上の失敗がありました。1つは、プラザ合意後、円高が進む局面（1986～98年）で行った為替先物予約の失敗による2000億円超の差損。もう1つが、2006年以降に急増した燃油デリバティブ取引の失敗による1900億円の差損。どちらも、ドルや燃油価格の相場が一方向に振れることに賭けた財務戦略のミスに見えます。為替予約の失敗の評価はさておき、この原因究明を徹底し、適切なリスク抑制策を講じていれば、少なくとも燃油取引の大きなロスは防げたかもしれません。

(1)「官僚依存の体質」も、経営の無責任体質の遠因となっています。JALは戦後、特殊法人として設立され、運輸省（現国土交通省）の強い指導下に置かれてきました。1987年の完全民営化まで、社長の多くは運輸省からの天下りで、取締役・監査役の選任も運輸大臣の認可制、事業計画・資金計画も運輸省に事前提出を求められるという状況でした。

報告書は「運輸省航空局による強力な規制下において、経営陣の経営上の裁量権限は大幅に狭められ、事業計画の根幹が政府の政策判断に左右されることとなり、その半面、経営責任の認識が希薄化し、官僚に依存する体制が醸成された」と述べます。「30年以上にわたって培われた官僚依存の体質は、その後も容易に改善されず、政官民もたれあいの構造は継承された」との分析です。このような「経営責任の不明確さ」が、様々な問題が長年解決されずにきた背景にあると考えられます。

このようにJALは、日本軍の組織特性として『失敗の本質』が指摘した4つの問題を、すべて抱えていました。確かに、報告書が述べる通り、同社の沿革や事業特性に起因する特殊性があることは事実です。また4つの問題すべてがこれほど顕著に存在するケースは、さすがにそう多くはないと思います。しかし、程度の問題かもしれません。

皆さんの会社では「これらの問題は1つも当てはまらない」と自信を持って言い切れるでしょうか？

5　企業に生かす――「戦略」と「組織」の両面から学ぶ

『失敗の本質』が述べた日本軍の戦略と組織特性の課題は、現代の多くの日本企業にも散見されます。ここではまとめとして、これらの課題を解決するためのポイントを示したいと思います。

戦略面での日本軍の失敗要因は、「戦略目標のあいまいさ」「戦略のグランド・デザインの欠如」「システム志向や戦闘技術体系のバランスの欠如」の3点でした。

企業にとっても、戦略目標、特に中長期で獲得を目指す市場ポジションを定義することが出発点です。次に、その実現に必要な戦略のグランド・デザインを具体的に描き、組織内で共有します。例えば、目指すポジションとして「〇〇分野でアジアナンバーワン」、グランド・デザインとして「新中間層向けの製品開発・製造、流通網を新興国で構築」「現地有力企業の買収によりその基盤を獲得」と描くイメージです。

戦略目標の実現に向けて新たな兵器（ケイパビリティ）や橋頭堡《きょうとうほ》（ブランド、販路など）が必要な場合、これらの獲得に十分な投資を行うことも不可欠です。特に、既存のケイパビリティやブランドが通用しない市場では、M&Aなどで必要な事業基盤やスキルを外部調達する必要があります。

日本軍の組織面での失敗要因は、「組織内の人間関係を重視する情緒的な集団主義」「複数の軍事組織を統合するシステムの欠如」「学習の軽視」「個人責任の追及の甘さ」の4点でした。企業がこれらの課題を乗り越えるうえでは、ハード（組織・プロセス・基準）とソフト（価値観・企業文化）両面の改革が必要です。特に「目的達成のために合理的に判断し行動する」企業文化を作り上げるために、会議体や意思決定の仕組みを「合目的性」を軸に再整備し、全社の意識変革を促していくといった、腰の据わった取り組みが求められます。

組織の学習能力は、環境変化に適応し戦略を進化させるために不可欠です。戦略や計画の失敗原因をしっかり検証せずに、新たな戦略に飛びついても、勝率は上がりません。『失敗の本質』からの学びを自社に置き換えて振り返ることは、必ずや企業にとって課題解決の出発点になるでしょう。

2

『戦略不全の論理』

三品和広著

——日本企業の慢性的な低収益病の要因

梅澤高明（A・T・カーニー）

戦略不全の論理——慢性的な低収益の病からどう抜け出すか　東洋経済新報社、2004年／三品和広

1　慢性的な低収益の病——合議が招く「利益なき拡大」

『戦略不全の論理』は神戸大学大学院の三品和広教授が2004年に著しました。三品氏は米ハーバード大学ビジネススクール助教授などを経験し、多くの企業で経営者育成にも携わる実践的な研究者です。本書でも具体的なデータ分析に基づいて日本企業が患う「慢性的な低収益の病」の本質や解決策を示します。

本書はまず、金融・保険を除く上場企業の売上高営業利益率の推移を分析します。製造業は利益率の長期下落傾向が顕著です。対象企業の営業利益額合計を売上高合計で割った平均利益率は1960年が11％超。その後、60年代を通して10～8％、70年代後半から80年代に6～4％、90年代には4％前後へと低下します。非製造業は60年代前半でも5％程度で、70年代以降はほぼ3％で低位安定します。

特に製造業の70年以降は「利益なき拡大」でした。30年間で合計売上高は1・87倍に拡大する一方、営業利益は0・98倍と横ばいだったのです。

その背景に円高の進展があったことは確かです。しかし、著者は「経営戦略にとって為替は与件である。それを織り込んで舵《かじ》を取るのが戦略というものであろう」と述べます。環境変化に対応した戦略の軌道修正を怠り、利益を犠牲にした規模拡大を続けたことを問題視します。

著者は多くの日本企業の問題点をボトムアップの合議による意思決定に求めます。ボトムアップ型の会社は、市場に追い風が吹く状況では、流れに乗る選択をしがちです。しかし、この選択肢は競合他社でも合意しやすいものです。その結果、競合と市場で正面衝突を繰り返し、低収益に陥ると指摘します。

逆に、市場に逆風が吹く状態においては、事業の再構築や撤退を含め、大きな決断を要する意思決定が多く、ボトムアップでは合意に至ることが困難です。結果として「様子見」や小手先の対策を繰り返し、消耗していくと結論づけるのです。

[ケーススタディ] 過去30年分の利益率分析から浮上する3つの事実

『戦略不全の論理』では事例研究として電機・精密機器業界を取り上げ、2000年時点での東証1部上場163社の長期の業績(データの入手可能性の制約から単独決算の数値)を分析することで、興味深い事実と示唆をもたらしています。

分析の最重要変数である業績指標は、1970〜99年の30年間トータルでの売上高営業利益率です。すなわち、期間内の総利益額を総売上高で割った値です。インフレ・デフレの影響を除去するために、各年の売上高・営業利益額を国内総生産（GDP）デフレーターで補正して、2000年基準で算出しています。

それ以外の変数としては、売上高成長率、売上高、利益額、創業年次を取り、各変数間の相関を分析して示唆を抽出しています。

◆明快なコア事業を持つ高収益企業群

分析で確認された第1の事実は、明快なコア事業を持つ企業の収益性の高さです。30年間の売上高営業利益率の上位企業は、キーエンス（FAセンサー）、ファナック（数値制御装置）、日本デジタル研究所（会計システム）、ヒロセ電機（コネクター）、アドバンテスト（メモリーテスター）、コーセル（スイッチング電源）、マブチモーター（小型モーター）など。これらの7社は、リーマン・ショック以降に顧客業界の縮小を受けて収益力が低下しているところも一部あるものの、長期で利益率15％を上回る高収益企業です。

これら企業はすべて事業領域が明確で、「明快な得意技を持ち、それによって基幹事業を深耕することで、安易な多角化に走ることなく成長を遂げている」と著者は分析します。

第2の事実は、比較的新しい企業（1960年以降に創業）の収益性が総じて高いことです。実際、対象企業全体では営業利益率4％台の会社が最も多い一方で、60年以降創業の17社を見ると、15社が6％以上を実現しています。さらに、キーエンス、ファナックを筆頭とする8社が、利益率ランキングの上位20社に入っています。

無数の新興企業の中で生き残り、東証1部上場まで駆け上がってきた企業群は、総じて利益率も高いと言えます。変数間の相関を見ても、営業利益率と最も相関が高い変数は売上高成長率で、創業の新しさと売上高成長率にも相関が強いことが分かります。

◆戦略の本質——一般的傾向に打ち克つ

第3の事実は、業界を代表すると自他ともに認める老舗企業の利益率が低いことです。日立製作所、東芝、三菱電機の総合電機3社、NEC、富士通、沖電気工業（現OKI）の通信3社、松下電器産業（現パナソニック）、ソニー、シャープ、三洋電機のAV（音響・映像）家電4社は、圧倒的な企業規模を誇るにもかかわらず、163社合計の30年平均利益率4・81％を上回る会社は1社も存在しないのです。

特にリーマンショック以降、日本の電機業界の苦境が頻繁に取り上げられていましたが、実際には、業界大手企業が長期で見ても低収益を続けていたことがわかります。

こうした点について、著者はまず、「企業は成長を指向するが、一般的傾向として収穫逓減の法則にさらされている。したがって、創業以来時が経過すると共に規模は拡大すれども利益率は低下する」と前提を示します。注目すべきなのは「ただし、これは不可抗力というものではなく、（中略）一般的傾向に打ち克つ企業は日本にも存在する。この『傾向に打ち克つ』ということこそが、戦略の本質と考えるべきであろう」としている点です。さらに「伝統ある大企業が慢性的な低収益に甘んじるとすれば、それは戦略不全の反映にほかならない」と総括します。

◆「規模の不経済」

本書は続いて、これら老舗企業の業績を経年で分析し、「規模の経済」ならぬ「規模の不経済」の存在を指摘します。「規模拡大に伴って利益率が減少する」現象です。

各社の売上高を横軸に、利益額を縦軸にとって業績を時系列で見ていくと、「規模の壁」という現象が浮き彫りになります。ある時点までは、規模拡大が順調に利益拡大につながるものの、その時点を越えると壁にぶつかったかのように、利益が失速状態に入ってしまう状況です。

「規模の経済性」という概念は本来、「一品目の生産規模の拡大が、固定費を薄めることを通じて製造原価低減につながる」という意味です。従って、多品目を生産する企業総体の規模の拡大が、必ずしも規模の経済性をもたらさないこと自体は、驚くべきことではありません。

◆「規模に負けた経営」に足りなかったもの

しかし、データの示す現象は深刻です。日立製作所、東芝、三菱電機の総合電機3社の場合は、1984年あるいは90年に壁にぶつかり、その壁を越えて規模を拡大すると、利益額はほぼ一直線に下降しています。NECと富士通の通信2社も、85年と90年を境に同じパターンをたどっています。さらに、松下、ソニーのAV家電2社は、早くも70年代前半に、利益の天井にぶつかったと指摘されています。

国内で特定の市場を制覇した企業が、さらに規模を拡大するためには、多角化、垂直統合、あるいは国際化のいずれかしかありません。しかし、本書は「どの道を選んでも、企業の経営は複雑さを格段に増していく。経営の枠組みがそれに伴って進化していかないかぎり、経営が規模に負けて効率を落とすことは避けられない」と分析します。

さらに「日本の電機業界には円高と、グローバリゼーションが鬼門となっていることが明白である。AV家電の場合には、それに加えて高度成長の終焉《しゅうえん》と、それに促された製品ラインの多様化がもっと早い時期から鬼門となっていた」と述べています。

製品ラインの大幅な多様化やグローバリゼーションは、経営の枠組みやケイパビリティ（企業の組織的な能力）の進化を必要とする、非連続な変化です。「これに的確に対処することなくいたずらに規模の拡大を指向したことが、劇的と言ってよいほどの規模の不経済を生んでいるのではなかろうか」と本書は指摘します。今日の多くの日本企業にとっても、傾聴に値する問題提起ではないでしょうか。

2　事業戦略論の系譜――「構造」「構築」「構図」に3分類して分析

本書の主眼は、データ分析に基づいて日本企業が患う「慢性的な低収益の病」の本質や解決策を探ることです。同時に、経営学などの代表的な戦略論を織り込んでいるのも特徴です。

事業戦略について、本書は「構造」「構築」「構図」の3つの戦略論に分けて分析します。「構造の戦略論」として本書が挙げるのは、経営学者、マイケル・ポーターの競争戦略論です。ポーターは、企業にとっての業界の魅力度は①川上業界の交渉力、②川下業界の交渉力、③業界内部の競争圧力、④参入の圧力、⑤代替品の圧力――という「5つの力」、すなわち市場の「構造」で決定すると考えました。

構造の戦略論でポーターが提示したもう1つの概念は「コストリーダーシップ」「差別化」「集中」などの「戦略ポジション」です。同じ業界の中でも、ポジショニングによって5つの力の働き方が変わり、結果として収益性も変わるという重要な理論でした。

「構築の戦略論」は、固有の組織能力の蓄積と、その多重利用を戦略の要諦とする考え方です。日本車メーカーがトレードオフ（二律背反）の関係にあると思われた高品質と低コストを製造技術の進化によって両立させ、1980年代に躍進したのが代表例です。「時間をかけてトレードオフをシフトさせることこそが動態的競争の本質であり、そのシフトを可能にする組織能力の構築こそが戦略の標的」と本書では指摘します。

「構図の戦略論」は、事業の組み立てなどの革新を通じて競争優位を築く考え方です。米デルのパソコン直販モデルが代表例です。デルは、市場構造の選択や製品・製造技術などの組織能力で優れていたわけではありません。従来の「製品開発→見込み生産→販売店への卸売り」から「モジュール設計→受注（電話・インターネット）→組み立て・直送」というシステムに転換し、成功を収めたのです。

［ケーススタディ］世界の自動車メーカーの戦略を読み解く

◆構造の戦略論——ポジショニングの妙で躍進したフォード

『戦略不全の論理』が紹介している3つの事業戦略論を用いて、自動車産業における代表的なケースを紹介したいと思います。「構造」「構築」の戦略論は本書の記述をベースに、「構図」の戦略論に沿ったケースは私が新たに書き加えています。

「構造の戦略論」の一例として、本書は1980〜90年代の米フォード・モーターの躍進に注目します。

石油危機以降、日系自動車メーカーは、低燃費・高品質の小型車を投入し、米国市場で地位を築きます。そこで得た信頼性やブランド力を基盤に「アコード」（ホンダ）、「カムリ」（トヨタ自動車）など中型セダンの分野にも勢力を広げていきます。これを迎え撃つフォードは、日本車との正面対決を回避する道を選びます。

手始めが4ドアセダン「トーラス」の新規開発でした。日系メーカーの小型車と中型セダンの中間の価格帯に位置する、欧風テイストのセダンです。85年に投入したトーラスは「ファミリーセダン」という市場の創造に成功し、92年には米国販売台数トップの座をアコードから奪取します。

ファミリーセダンに次いで狙ったのは、ピックアップトラックや多目的スポーツ車（SUV）など「ライトトラック」市場の制覇でした。ライトトラックは内装が簡素で、また既存技術を踏襲できる部分が多いため、サイズと馬力のわりに原価が安い傾向があります。「日本勢が得意とする細かな製造品質よりは堅牢《けんろう》性とマッチョなイメージが重視される」ことも特徴です。しかも、乗用車と異なり高率の関税障壁があり、米ビッグスリーが市場の地位を守るにはうってつけの分野でした。

フォードは、ピックアップトラックの廉価モデルを、日本製小型車の代替品として投入します。さらに、90年に投入したSUV「エクスプローラー」も大きな成功を収め、フォードは業界2位のまま、収益額で米ゼネラル・モーターズを抜き去ります。自動車業界の中で、「相対的に防衛しやすく、収益もとりやすいポジションをいち早く確立したことが功を奏した」と本書は分析します。

◆構築の戦略論——組織能力の蓄積で二律背反を克服した日本車メーカー

次は「構築の戦略論」のケースを紹介します。日本車は、製品の改善と米国での生産体制の構築を通じて、じりじりとフォードの牙城を切り崩します。1980年代、輸出自主規制と米国現地生産を余儀なくされた日本勢は、収益性の低い小型車から他の分野への展開を本格化します。アコードとカムリは、モデルチェンジのたびに大型化を進めてトーラスに対抗し、その勢いをそいでいきました。最後のとりでとなるピックアップトラックやSUVも、現地開発・現地生産の体制を整えたトヨタが90年代末以降、米国勢のシェアをじりじりと奪っていきます。

（フォードをはじめとする米国勢が）「いかなるポジションをとろうとも、最終的にはより良い品をより安く愚直に造り続ける日本勢に圧倒される姿がここにある。この姿が戦略論の転換を促した」と著者は述べます。

日系メーカーは、品質とコストの二律背反を、時間をかけて克服することで競争優位を築きました。それを可能としたのが、組織能力の蓄積です。

このケースで、二律背反の克服を可能としたのは工程品質の向上でした。それを支える組織能力には「工程のデザイン、それを動かす現場管理者や作業者の技能、その技能を引き出す職場環境、その職場環境を守る人事制度、その人事制度を育む企業風土などがすべて含まれる」と本書は分析します。製造工程に配慮した製品・部品の設計や材料の選定も重要な要素であったと言えます。

日本車メーカーはこのように、長期にわたる組織能力の蓄積を通じて、確実に競争力を高めていきました。本書は「組織能力の蓄積をいかに構え、いかに築くか。これで競争力、そして長期収益が決まってしまうというのが構築の戦略論の命題である」と総括します。

◆構図の戦略論──事業システムの根幹部分を組み替えた独ＶＷ

最後は「構図の戦略論」のケースを紹介します。独フォルクスワーゲン（ＶＷ）のモジュラー戦略の取り組みには、設計開発・生産という、自動車の事業システムの根幹部分を組み替える「構図の戦略論」を見ることができます。

ＶＷは、マルチブランド化のコストシナジー（相乗効果）を実現する必要もあり、「プラットフォームの共通化」を通じた部品の共通化と開発の効率向上に、他社に先駆けて取り組みます。プラットフォームとは、エンジン、駆動系、足回りを含めた走行機能要素の集合体で、クルマの「下半身」と言えます。

2000年代に入ると、先進国と異なるニーズを持つ新興国市場の成長、エコカーの普及によって製品の多様化が進み、研究開発の必要性が増大します。製品多様化と開発コスト抑制を両立させるために、プラットフォームを共通にしつつ、クルマの外観部分を作り分ける手法が、業界全体で主流となっていきます。

VWは2000年代半ばまでに、コンパクトカー「ポロ」、ファミリーカー「ゴルフ」、中型車「パサート」などクルマのクラスごとに、プラットフォームの集約をおおむね完成します。共通プラットフォームは、アウディやセアト（スペイン）、シュコダ（チェコ）など、グループの他ブランドの車種にも採用されています。

VWが07年から取り組む「モジュラーツールキット戦略」は、プラットフォームの集約をさらに進めるクルマづくりのシステムです。例えば、「MQB」と呼ばれる「モジュラープラットフォーム」は、ポロからゴルフ、パサートまで、グループの横置きFF（前部エンジン、前輪駆動）車のほとんどをカバーします。

◆事業効率と柔軟性の非連続な向上を可能にする大戦略

MQBは、モジュールの組み合わせで構成されています。駆動系、足回り、電気・電子系などにそれぞれ複数のバリエーションがあります。全部で24のモジュールから選択して組み合わせることで、ボディー形状とサイズの幅広いバリエーションを可能とする仕掛けです。これが部品の共通化にも大きく寄与します。MQBを基幹車種に順次展開することで、部品コストの20％削減、設備投資の20％削減、エンジニアリング効率の30％向上が実現するとVWはうたっています。

MQBは駆動システムの多様化にも対応しています。同じプラットフォームを用いて、エンジン車、ハイブリッド車（HV）、電気自動車、代替燃料車など様々な駆動システムを搭載したクルマを作ることができます。

VWはさらに、1本の生産ラインで、MQBベースの幅広い車種の組み立てが可能となる「モジュラー生産システム」を導入する計画です。これによって、世界中の生産拠点で「ポロからパサート、アウディA4まで」の混流生産が可能となります。モジュールを構成する部品はグローバルで標準化しつつ、それぞれの国・地域の需要に応じた車種と数量を自在に作り分ける、極めて柔軟なグローバル生産ネットワークの誕生です。事業システムの根幹を新たな構図に組み替えることで、事業効率と柔軟性の非連続な向上を可能とする大戦略と言えます。

3　経営戦略の3要件――「非合理性」「非可分性」「非可逆性」

著者は第7章「経営戦略の3要件」で、「戦略不全」を回避する要件、すなわち戦略を戦略として機能たらしめる要件として、「非合理性」「非可分性」「非可逆性」の3つを挙げて論じます。

第1の要件「非合理性」とは、業界の常識を破りながら、新たな経営の合理性を打ち立てることです。その一例が、米ウォルマート・ストアーズです。同社は「ディスカウントストア（DS）は人口10万人以上の都市でしか成立しない」という業界の常識を覆し大成功を収めました。

従来のDSは、大都市の大型店舗が店単位で商品を調達してきました。しかし、ウォルマートは大型物流拠点で一括調達した商品を、周辺の多数の店舗網に供給することで人口の少ない地域でもDSを成立させました。

第2の要件が「非可分性」です。組織内の分業化は、個々の工程の生産性を高める一方、下手をすると「部分最適化」をもたらします。「戦略はオペレーションのパッケージ」であり「分業に付された部分のコーディネーションをつかさどるためにこそ、戦略は存在する」と著者は述べます。

本書は事例として、トヨタ生産方式を挙げます。個々の工程だけの稼働率向上に終わる「効率の罠《わな》」を避け、ジャストインタイムの生産方式により調達・生産・販売の全体最適を実現、利益を最大化する仕組みと言えます。

第3の要件は「非可逆性」です。戦略に対する10年レンジの「超長期のコミットメントこそが、競合他社との間で決定的な収益力の差をもたらす」との考え方です。

例えば、キヤノンは「右手にカメラ、左手に事務機」と後に表現される多角化方針を1962年に打ち出します。しかし、国産初の普通紙複写機の発売は8年後、レーザービームプリンターの開発は13年後です。事務機市場への進出に対する経営トップの揺るぎないコミットメントがあったからこその成功でした。

[ケーススタディ]「立地」「構え」「均整」——経営戦略の3つの核心

著者は『戦略不全の論理』の後に著した『経営戦略を問いなおす』(ちくま新書)で、経営戦略の核心として「立地」「構え」「均整」の概念を打ち出します。要約すると、適切な

「立地」に他社と異なる「構え」を築き、事業全体の「均整」をとるのが重要ということです。戦略の要諦を簡明に捉えているので、同書の議論を引用しながらこの概念を説明します。

◆核心①「立地」

第1の「立地」は、「需要があって供給が少ないところに事業の照準を合わせること」と述べます。前節で取り上げた「構造の戦略論」における「事業ドメイン」と「ポジショニング」の選択です。

『経営戦略を問いなおす』では、上場製造業672社に関して日本政策投資銀行の115細分類で業種分類を行い、業種ごとの1960～99年の実質営業利益額の分布と推移を分析しています。（注：インフレ・デフレの影響を除去するために、各年の営業利益額をGDPデフレーターで補正して2000年基準で算出）

まず、業種による総利益額のバラツキが顕著です。「同じ古参業種でも、繊維は低調、土石は好調。同じ食品分野でも、飼料は低調、酒類は好調」と本書は指摘します。次に目を引くのは、意外とも言える営業利益の安定性です。1960～70年代の総利益額と80～90年代の総利益額を比較すると、約半分の業種では、利益額の倍増や半減が起こっていないのです。

「何業を営むのか、それによって命運が大きく決まってしまう。しかも、その効果は持続的」だと著者は述べます。

同じ業界の中での、さらに細かい次元での選択、すなわちポジショニングも重要です。本書はポジショニングの1つの切り口として、売り先と売り物の選択による利益率の傾向を分析しています。第1節で紹介した電機・精密機器業界の東証1部上場163社のデータが材料です。

売り物ごとにサンプルを分類し平均利益率を見ると、製品群ごとの差が極めて大きいことが分かります。製造装置（12・15％）を筆頭に、メディア、計測器、医療機器、コネクターがベスト5で9～10％台。一方、ワースト2が家電（2・06％）とAV（音響・映像）機器（2・21％）です。

売り先ごとの分析でも、乖離が大きいのは同様です。産業、半導体、研究所、医療がベスト4で8～9％台。ワースト2は自動車（3・83％）と量販（3・86％）です。

「誰を相手に何を売るか次第で、利益率は大きく変わる。これは、旬の立地と荒廃した立地が、同じ業界内に共存することを示している」と結論づけます。

創業時に肥沃な立地を選択することは比較的容易です。問題となるのは、既存企業のコア事業で、長期にわたり事業資産を積み上げてきた立地が荒廃してしまうケースです。「立地替え」の意思決定を先延ばしにして対症療法を繰り返すうちに、新天地に打って出る機会や体力を失うケースが後を絶ちません。

しかし、困難とはいえ、立地替えによって飛躍を遂げた企業もあります。本書は「自動車タイヤ用の合成ゴムから、半導体用のフォトレジストに転進したJSR。衣服用のレーヨンから、航空機用のカーボンファイバーに転進した東レ。家庭用のクリスタルから、半導体用のマスクブランクスに転進したHOYA。個人用のフィルムカメラ機から、オフィス用の複写機・プリンターに転進したキヤノン」と例を挙げます。そして、「立地の選択と言うと、新興企業の特権のように聞こえるが、既存の大企業にも決して閉ざされた道ではない」と締めくくります。

◆核心② 「構え」――安易な「シナジーの幻想」に潜む陥穽《かんせい》

第2の「構え」は、垂直統合、多角化、地域展開の程度や内容です。立地に次いで変更が困難な準固定要素といえます。

垂直統合に関しては、川上統合であれば、製品の機能・品質を左右する基幹部品や原材料、あるいは製造工程の優位性の基盤となる生産ラインや工作機械をどこまで内製化するか、という問いになります。川下統合については、販売・アフターサービスのチャネルや物流網を自社で構築するかどうかが主な問いです。

多角化に関しては、ニーズ主導で広げる場合、自社の主要顧客群の持つニーズを満たすために、どこまで幅広く製品・サービスを供給するかがポイントです。例えば、キーエンスは、FA用センサーが基幹商品ですが、流量センサーや温度センサーから、バーコード機器、FAデータ収集機器まで、自動制御に関わるものなら何でもありの品ぞろえです。

一方、シーズ主導で広げる場合は、自社が強みを持つコアの技術群をどこまで掘り下げて需要分野を広げるかがポイントとなります。例えば、TDKは、フェライト技術を核として、磁気テープ、光ディスク、ハードディスクドライブ用ヘッド、コンバーターなど様々な電子部品や記録メディアに製品を展開してきました。

ここで留意すべきなのは、安易な「シナジーの幻想」にとらわれないことです。「技術や販路に類似性があれば進出しやすいのは確かだが、事情は同業他社にとっても同じ」なのです。顧客ニーズや技術シーズを独自の形で掘り下げて、他社と異なる構えをとることが重要、と著者は強調します。

他社と異なる構えが重要なのは、地域展開も同じです。小売業の参入撤退が相対的に少ない日本で、強い販売網を先行して構築したトヨタ自動車が、揺るがぬ優位性を得ています。一方、北米では小売りの参入撤退が頻繁に起こるため、新規参入組がどこのメーカーでも担ぐ傾向にあり、メーカーの新規参入も容易です。日本での成功の鍵が販売網の構築だとすると、米国では商品力がより重要となります。ホンダは、国内での競争をバイパスして早期に北米シフトを行い、現地の消費者ニーズにマッチした商品をいち早く投入、ビッグ3のシェアを奪って成功を収めました。地域展開における構えの勝利です。

◆核心③「均整」——〝目立たないがゆえに優良〟のマジック

第3の要素が「均整」です。生産ラインにおけるボトルネックがライン全体のスループット（単位時間当たりの処理能力）を決めてしまうように、戦略においても、最終的な有効性はボトルネックによって制約されるという考え方です。「いくら優れた立地を選んでも、いくら秀でた構えをつくっても、他にシビアなボトルネックが存在すれば全ては台無し」なのです。

戦略の均整を示す典型的な事例として、著者はトヨタを挙げます。トヨタは「会社全体がよくバランスの取れた生産ラインのようなもので、全軍が無駄なく稼働」しており、トヨタに目立った戦略性がないように見えるのは均整に優れているから、と分析します。

対極にある失敗例として、1980年代末のマツダが挙げられます。マツダは国内販売を一気に増やすことを目指して、5チャンネル販売体制の構築に打って出ました。従来のマツダ店に加えて、高級車のアンフィニ店（旧マツダオート店）、欧州系のイメージを訴求するユーノス店、小型車中心のオートザム店、フォード車を扱うオートラマ店の4系列を新たに追加する、という攻撃的なチャンネル政策でした。

89年にこのプランが実行に移されますが、バブル崩壊を受けて一気に業績が悪化。経営危機を迎えたマツダは、フォード・モーター傘下での建て直しで辛うじて破綻を免れます。

プランが破綻した最大の原因を、著者は「均整の欠陥」と指摘します。「販売力を突出させる陰で、開発力がボトルネックになってしまった。その結果、全店が同じマツダ車を売るという異様な事態に陥った」と述べます。

著者は「均整には〝目立たないがゆえに優良〟という固有の特性がある」と言います。派手な計画が目立つ一方で、戦略のボトルネックの所在も見えやすいのがマツダのケースです。トヨタのケースは、まさにその逆といえます。

4　社長の在任短期化――長期戦略を持てず利益率低下を招く

日本企業の戦略不全の最大の要因は、社長の在任期間が短く「戦略の最低スパンに届かない」ことだと『戦略不全の論理』では指摘します。長期収益の水準を決める戦略のスケール、戦略課題に対するメスの入り方の深さは経営者の任期に大きく依存する、と考えるからです。

電機・精密機器業界の東証1部上場163社の経営者任期と業績に関する分析から、重要な示唆がもたらされます。まず、社長任期の短縮化傾向が1970年代から顕著です。所有と経営の分離が進み、既定の任期で社長交代が通例となったとの観察です。一方で、70年以降の長期政権の有無が企業の利益率と強く相関します。70年代の石油ショックや円高の中で、それ以前に築いた事業基盤の大改修が必要になりました。これを遂行できる長期政権を持てなかった企業の多くが戦略不全に陥ったと分析します。

本書はまた、大企業で創業家からサラリーマン経営者への代替わりが起こるなかで、社員から経営者を育成する方法論を持ち合わせていないことを大きな問題と捉えます。

電機・精密機器企業の事業部長30人を対象とした詳細調査が、問題を浮き彫りにします。

「事業全体がどういう姿になれば、高い長期収益が得られるのか」を具体的に語れる事業部長は、30人中4人だけ。事業部長としての施策も、多くが自分の経験してきた職能分野に偏っています。

日本型のキャリアシステムは、入社時に配属された職能分野を中心に幅を広げる形で、特定職能周辺の総合力を高める仕掛けです。製造業における小型軽量化、品質改善、原価改善などを率いる職能部長職を育てるには有効ですが、その先の事業部長や役員・社長の供給となると話は別です。「特定の職能にいくら強くても、他の職能について素人同然であれば、経営そのものを分業化せざるをえず、戦略の非可分性を貫くことは望めない」との指摘は的確です。

[ケーススタディ] 大きな戦略の構想と実現――長任期の経営者に学ぶ

ここでは、三品氏編著による『経営は十年にして成らず』(東洋経済新報社)にまとめられた事例に基づいて、「長任期の経営者による腰のすわった取り組みが、大きな戦略の構想と実現において不可欠である」という命題を具体的に浮き彫りにしたいと思います。事例として取り上げるのは、花王とキヤノンです。

◆花王——丸田芳郎社長時代の流通改革と新事業創造

花王の丸田芳郎・元社長の社長在任期間は1971～90年の19年に及びます。丸田氏の功績の1つは販売の川下統合による流通改革の推進、すなわち「構え」の変化。もう1つが研究開発体制の確立による新事業創造、すなわち「立地」の拡張です。丸田氏の在任中に、従来の主力事業だったせっけんや合成洗剤に加えて、サニタリー製品、化粧品などでも業界で1～2位を争う総合トイレタリーメーカーに成長しました。このような構えの変化と立地の拡張は「ともに、10年を優に超す長期の営み」でした。

丸田氏が社長に就任した当時の花王は、売上高・利益率ともにライオンの後じんを拝していました。花王はその後、19年間で実質ベースの売上高を4倍に拡大します。収益性も丸田氏はV字回復を主導します。同社の営業利益率は2度の石油ショックの影響で1970年代半ば以降3～4％台で低迷しますが、様々な改革の成果が表れて82年から大きく反転。社長退任時の6・7％を経て、その後2000年代初頭まで一貫して上昇を続ける基盤を築きました。

◆流通改革——35年に及ぶ大仕事

流通改革の取り組みは、丸田氏が営業支配人（営業統括の取締役）に就任した1954年が発端です。実に35年にわたる大仕事となりました。

当時のせっけんや洗剤の流通は、複数の卸売業者を経由して小売店頭に届くシステムでした。非効率な流通システムと乱売合戦の中で取引慣行は崩れ、流通在庫が積み上がり、流通業者の倒産が頻発していました。この状態に危機感を覚えた伊藤英三副社長（後に社長）は、丸田氏を営業支配人に据えて流通改革に着手させます。

流通改革の第1段階は「カネの流れの簡素化」です。まず、売掛債権の回収期間の短縮に取り組み、1957年の合成洗剤の新製品導入を機に半減に成功します。これが軌道に乗ると、次は現金取引制の導入と定着に取り組みます。さらに、1960年代には再販制度（卸売業者の再販売価格の維持制度）の導入に着手します。卸売業者が、花王製品の販売から適正な利益を得られる状態を作ることが目的でした。

しかし、卸売業者は他社製品も扱っているため、花王製品の販売で得た利益が、再販制度を採らない他社製品の損失を補塡する構造になってしまいます。花王はこの問題を抜本的に解決するために、流通改革の第2段階「モノの流れの簡素化」に乗り出します。自前の販社の設立です。

しかし、花王のこうした販社設立は、多くの卸売業者にとって脅威と映りました。それに乗じたライオンが「卸売業者との共存共栄」をうたう販売政策を68年に打ち出し、売上高と利益率で花王を凌駕していきます。

60年代末までに、全国で約130の花王販社が設立されましたが、その規模はまだ零細でした。次の課題は、販社の体制を強化し、スーパーマーケットの広域化に対応するために広域販社へと統合することでした。丸田氏は1971年に社長に就任すると、流通改革の第3段階である販売会社の集約化に着手。社長在任中を通じて販社の統合を進め、退任時には22社まで集約化が進みます。

自前の販社の構築とその体制強化は、外資参入に対する防衛網としての意味も大きかったと言えます。花王が最も恐れていた米プロクター・アンド・ギャンブル（P&G）は、73年に日本参入を果たします。花王の販社体制が市場における自社製品の配荷力を高め、競合の棚取りを防ぐという意味で、花王の市場地位を守る大きな防波堤となりました。

◆研究開発体制の確立――総合トイレタリーメーカーへ

丸田社長は、就任直後から研究開発体制の強化にも取り組みます。手始めに技師長、産業科学研究所、応用開発研究所、食油・食品研究所を社長直轄とし、家庭品研究所を東京に新設します。

さらに、1976年には研究開発本部を設置し、初代本部長に社長自身が就任します。78年には、バイオや生物化学関連の研究開発を手掛ける栃木研究所を設立。和歌山、東京、栃木の3研究所体制を確立します。

丸田社長は3つの研究所間の情報交流を促進するために、様々な仕掛けを埋め込みます。まず、3研究所合同で情報共有、意思決定を行う持ち回りの会議体を設置します。さらに、研究フロアを大部屋方式に改める、あるいは開発者が上司の許可なしで自由に出張し、他研究所の誰とでも会えるという慣習を植えつけるなど、研究開発部門内の風通しをよくすることに注力します。柔軟な情報交換から知的刺激を起こす狙いです。自前の販社網から収集する末端の販売情報や顧客ニーズに関する情報も、新製品開発に活用するようになりました。

丸田社長による研究開発体制の整備は約10年後に芽を出し、多角化の推進力となっていきます。

1982年に参入した化粧品分野では、機能をセールスポイントとして躍進し、当時の小林コーセー、ポーラ化粧品本舗、鐘紡といった競合を追い抜いて2位を奪取。また83年に参入したベビー用紙おむつ市場でも80年代後半には2位の座を確保し、ユニ・チャームを急追します。入浴剤市場でも83年に投入した「バブ」が大ヒット、首位ツムラとトップ争いを演じています。参入後数年で各業界の首位を追撃するという、多角化の目覚ましい成功でした。

◆キヤノン――賀来龍三郎社長時代の「優良企業構想」

本書は御手洗冨士夫社長（1995年に社長就任、2006年に会長就任、2012年から会長兼社長）が実現した高収益の背景には、2代前の社長を務めた賀来龍三郎氏（社長在任は1977～89年）が行った戦略転換があったことを指摘しています。

キヤノンの歴史は多角化の歴史でもありました。62年に長期経営計画を策定し、カメラ専業メーカーからの脱却を目指して事務機市場に照準を定めます。その方針は後に「右手にカメラ、左手に事務機」というスローガンに昇華されます。

複写機や電子卓上計算機が新しい柱事業に育ち、売上高に占めるカメラの比率は、1960年代前半の8割以上から76年には51％まで低下。さらに75年には、レーザービームプリンターの開発にも成功しました。

このような多角化の流れに、賀来氏は社長になる前から強く関与していました。1962年の長期経営計画を企画調査課長として立案。その後、電卓の開発において、社内の反対を押し切って経営陣の説得に動いたのも賀来氏でした。

1977年に社長に就任すると、急逝した前任社長の前田武男氏と議論を重ねてきた「優良企業構想」の実現に着手します。その最初の施策が事業部制の導入でした。事務機、カメラなどの各主力事業で、事業部長へ大幅に権限委譲します。さらに、1つの製品が複数の工場にまたがる生産の非効率を解消し、各事業部が専門工場を持つ製販一体体制の構築に向けて、工場を再編しました。

◆基幹部品の内製化

次の取り組みが「縦方向の垂直統合による多角化」、すなわち基幹部品の内製化による競争力強化でした。まず、半導体の内製化の方針を定めます。そして1981年には、部品開発と、生産合理化・工程削減につながる開発を使命とする組織として、コンポーネント開発センターを設立します。「主力製品である光学機器の性能を部品レベルから押し上げる、そして価格競争力を部品レベルから押し上げる」ための構えの転換でした。「複写機とプリンターをものにするやいなや、漫然と次の事業を模索するのではなく、高収益の構造をつくりにいくという見事な発想の転換」があったと本書は分析します。

キヤノンは1995年、デジタルカメラ事業に参入。2004年には、後発ながらソニーを抜いて世界首位の座を奪います。台数面ではコンパクトカメラが主戦場ですが、単価と利益率の高いデジタル一眼レフでも、ライバルのニコンを突き放し断トツの首位をキープしています。

第1の勝因は独自開発のCMOSセンサー（フィルムに代わる画像センサーの一種）の搭載です。従来、高画質カメラはCCDセンサーの独壇場でした。しかし、キヤノンは2000年に、CMOSセンサーの画質の弱点克服に成功し、業界の常識を覆します。CMOSセンサーはCCDセンサーに比べて省電力で処理速度が速く、製造コストも低いため、内製のCMOSセンサーを搭載するキヤノンの優位性が一気に高まります。

第2の勝因は、従来のFDレンズ群を放棄して完全電子化マウントを採用したEFレンズ群に移行するとの意思決定です。本書は「カメラのデジタル化に伴ってレンズ資産をそのまま継承できたのはキヤノン1社に限るといっても過言ではない。（中略）技術体系の移行期にレンズの心配をしなくて済んだキヤノンが手にした優位性は計り知れない」と述べます。

第3の勝因は、基幹工場の育成でした。なかでも、中級カメラの一貫生産工場として1982年に立ち上げた大分工場は、工場の理想の形として取り組まれたものでした。金型の自動交換システム、ロボットを活用した組み立て自動化などの技術が次々投入され、キヤノンの先端的な生産システムの開発を牽引します。

2000年代のデジタルカメラ事業の成功は、賀来社長時代、1970～80年代の仕込みがあればこそ結実したものといえます。

花王とキヤノンのケースは、ともに30年に及ぶ積み重ねが花開いた成功です。「経営は十年にして成らず」との命名も、大いにうなずけるものがあるといえます。

3

『知識創造企業』

野中郁次郎、竹内弘高著

――失われた？　日本企業の強さの源泉

岸本義之

（〈執筆時〉ブーズ・アンド・カンパニー）

＊この文章は旧ブーズ・アンド・カンパニーがＰｗＣネットワークの一員、Strategy＆になる２０１４年3月31日以前に掲載されたものです。

知識創造企業／The Knowledge-Creating Company：How Japanese Companies Create the Dynamics of Innovation　1995年
野中郁次郎、竹内弘高
邦訳：東洋経済新報社、1996年／梅本勝博訳

1　暗黙知と形式知――日本企業の強みの源とは

『知識創造企業』は、一橋大学名誉教授の野中郁次郎氏とハーバード大学経営大学院教授の竹内弘高氏が1995年に米国で出版した著書の邦訳です。英語版のサブタイトルに「いかにして日本企業はイノベーションのダイナミクスを作り出したか」とあるように、この本は日本企業が成功した理由を、独自の理論体系を構築して説明するものとなっています。

同書は主に1970～80年代の日本企業の事例を取り上げ、その成功要因は、欧米と日本では知識の作り方と使い方が異なるという点にあるのではないか、と解き明かしています。

西洋哲学では、一定の文法規則で作られた形式言語で表すことのできるものが知識とされていました。日本では形式言語に表しにくい無形的な要素が重視されています。

著者は知識を形式知と暗黙知の2つに区分して分析を試みます。西洋的な知識が一個人によって創造されると考えられるのに対して、日本では知識が組織メンバー同士の交流の中で作り上げられる傾向があるとも論じています。

職人の親方から弟子に伝承されるノウハウのように、マニュアルに明文化できるものだけではなく、共に働く経験を通じて形成される知識もあるという見方です。

新商品が次々と出る日本メーカーの開発体制はラグビー的という比喩がされ、欧米の製品開発はリレー競争的としています。日本ではメンバーが共有化された暗黙知を活用し、「次はきっとこうなるだろう」と思いながら、各部署がバトンを受ける前に作業を始めているのです。

この本が出版される前にバブルが崩壊し、日本企業は輝きを失ってしまいました。組織的に知識を創造できる日本企業は、不確実な環境に対して本来ならば強みを持っていたはずです。何が本当の強みの源泉だったのかを問い直すためにも、本書を今読み返すことには意義があるのです。

[ケーススタディ] パン焼きの職人芸に挑んだ松下

英語版として出版された『知識創造企業』は、1970～80年代の「絶好調」だった頃の日本企業の事例を研究して、日本企業に特有の組織的知識創造のメカニズムを解明しています。しかし、90年代以降、日本経済は「失われた20年」と言われるような低調が続いてきました。プロ野球選手はスランプに陥ると、絶好調だったときの自分のフォームをビデオで見て、現在のフォームとの違いを確認して修正するという話をよく聞きます。では、日本企業は、絶好調時と現在とでどのように異なっているのでしょうか。

本書で紹介されている事例の1つ、松下電器産業（現パナソニック）によるホームベーカリーの発売は87年のことです。原材料の小麦粉、バター、塩、水、イースト（または、それらを調合したブレッド・ミックス）を入れさえすれば、プロの職人に匹敵するほどの品質のパンが焼き上がるという、画期的な新商品でした。パンを焼くというのは、まさに暗黙知として体得された職人の技であり、それを電子機械技術で再現するには、暗黙知の形式知化がカギを握っていたと著者は言います。

背景としては、70年代以降、日本の家電市場は成熟しはじめ、厳しい価格競争に直面した松下の営業利益率は低下していました。83年の経営3か年計画「ACTION61」（最終年度が昭和61年だったことにちなむ）では「超家電」というスローガンが使われました。家電を中心としつつもハイテクや産業用の分野に進出していこうという狙いがあったのです（皮肉なことに30年後のパナソニックもまた、産業用にシフトすると言っています）。

この結果、84年に炊飯器事業部（マイコン炊飯器）、電熱器事業部（ホットプレート、オーブントースター、コーヒーメーカーなど）、回転器事業部（スピードカッター、ジューサーなど）の3つが、1400人の電化調理事業部として統合されました。資源の重複をなくすことと、3事業部の技術とノウハウを合わせて再び成長路線に乗せることが期待されていました。

しかし、統合当初は売り上げの減少が続き、統合効果が疑問視されるようになったのです。危機感を募らせた同事業部は、米国人の日常生活のトレンドを観察するチームを組成し、「家庭用調理機器は、食事の準備を簡単にすると同時に、栄養豊かにするものでなければならない」という結論を導き出し、そのコンセプトを「イージーリッチ」としました。その直後に部品メーカーの星電器から、ホームベーカリーの商品化案が持ち込まれたのです。松下は73年にも80年にも、ホームベーカリーの開発を技術上の問題から断念した経緯があり、星電器からの提案は断ったのですが、商品アイデア自体には魅力があったため、自力で開発することにしました。

最初のプロトタイプでは、おいしいパンを作ることができませんでした。2回目の試作に際し、パイロットチームのメンバーがパン職人に弟子入りして技を学びとろうとしました。そこでわかったことは、パン生地の練りのプロセスを機械で再現することの難しさでした。

その練りのポイントを「ひねり伸ばし」という言葉で表現し、機械の仕様として具体化し

3　『知識創造企業』野中郁次郎、竹内弘高著

たところ、おいしいパンを作ることに成功しました。そして3回目には、生産部門とマーケティング部門のメンバーも加わり、パン生地を練っている途中でイーストを入れる「中麺」という方法を採用して、パンの味が向上し、コストも下がりました。こうして完成したホームベーカリーは月産5万台の大ヒット商品となり、事業部の売り上げを伸ばすことに貢献しました。

◆3回の暗黙知活用

ホームベーカリーという商品を開発するための最初のプロトタイプ開発には、電化研究所と旧3事業部から11人のメンバーが集められました。ハードウェアとしての製品設計、機構要素開発（モーターなど）、制御要素開発（電気周波数や温度の制御）だけでなく、パンのレシピ開発、パン生地の練りと焼き上げ技能の習得、パンの味の評価システム開発など、ソフトウェア的要素も並行して作り上げなければなりませんでした。

メンバーは何度も討議を重ねたのですが、「イージーリッチ」というコンセプトが、事業部が目指すべきイメージとしての暗黙知の共有に役立ったといいます。

ソフトウェア担当の女子社員は、大阪で一番おいしいパンを出すという評判のホテルのチーフベーカーに弟子入りし、観察・模倣しながら練りの技能を学びました。しかし、その技法をうまく設計に具体化できなかったため、エンジニア数人がホテルに派遣され、女子社員が言う「ひねり伸ばし」を実現するために試行錯誤を繰り返しました。メモやマニュアルにすることができなかった暗黙知の技能が、「ひねり伸ばし」というコンセプトに表出し、ようやく設計の具体化につながったのです。

さらに、製品価格を4万円以内に抑えるための挑戦がありました。高温で発酵が進みすぎないようにイースト入り生地を冷やすには、冷却器が必要なのですが、そのコストをどうするかが焦点でした。温度をコントロールする手段がなかった昔は、イースト以外の材料を先にミックスしておいて、後からイーストを加える「中麺」という方法をとっていたことがわかり、冷却器を使わないでパンを作るという解決策が編み出されました。これもまた、暗黙知の活用と見ることができます。

このように、ホームベーカリーの開発には、暗黙知を活用するサイクルが「イージーリッチ」「ひねり伸ばし」「中麺」の3回あったということになります。出身部署の異なるメンバー同士が、もがきながらも暗黙知を他のメンバーと共有し、今までになかった商品を短期間で開発し、大成功を収めたのです。

3 『知識創造企業』野中郁次郎、竹内弘高著

◆「ものづくり」に安住すれば閉塞感に

ホームベーカリーの開発に関わったエンジニアは、それまで成熟商品ばかりを扱ってきたのですが、組織内部の堅い壁を破って全く新たな商品を作った経験は自信をもたらし、次なる革新的な製品を開発したいという願望ももたらしたといいます。

近年の日本企業を見ると、2000年を過ぎたあたりから「ものづくり」という言葉がよく使われるようになりました。アジア通貨危機を乗り越えた韓国やアジアの企業が日本のお株を奪うような海外進出を果たすなか、日本メーカーが「ものづくり」を最後の砦と見なし、そこではまだまだ負けない、という意志を持つようになったからではないかと思われます。

この言葉はややもすれば、現状肯定的に使われることが多かったのではないでしょうか。「今までやってきたことは間違っていないはずだ」という信念から、従来型技術のさらなる磨き込みに閉じこもっていったような印象があります。

1983年の松下も2013年のパナソニックも、置かれた状況は似ていますが、80年代の日本企業には、現状の延長線上にはないイノベーションを起こそうという活力がまだあったように思えます。実際、83年の松下では将来のトレンドを先読みし、「イージーリッチ」を目指そうと、まだ存在していない新商品の開発にゴーサインを出しました。ホームベーカリーの成功後、同じ事業部から、電子自動システムによって米を炊く炊飯器も大ヒットし、こうしたサクセスストーリーは口コミと社内報で社内全体に広まったといいます。

◆身の丈の計画では、イノベーション望めず

一方、今のパナソニックではどうでしょうか。「失われた20年」の間に入社した世代が40代前半までを占めているわけですから、成功体験を通じた自信もあまりないために、高い目標像を共有できにくいのかもしれません。まして上司や先輩たちが現状肯定的な「ものづくり」信念に固執しているような会社の場合は、現状の延長線上にないようなイノベーションは出てきようがありません。

また、組織の壁を越えた協働という機会も、以前より減ってしまったのかもしれません。各事業部が対前年比105%という程度の「身の丈」の事業計画を立て、それをホチキスで束ねるような全社中期経営計画が作成されるような会社では、組織をまたがったチームを組成する必要性はありません。事業部内での、あうんの呼吸の通じるメンバー同士（長年の付き合いのある下請け企業も含む）での「すりあわせ」は得意でも、事業部の外に出ると、あうんの呼吸が通じないというような問題が生じていないでしょうか。

3　『知識創造企業』野中郁次郎、竹内弘高著

暗黙知というのは、組織のメンバーが持つ経験的な知識が、他のメンバーが持つ経験的な知識と組み合わさって、大きな価値を生み出すものと言えます。そのためには、バックグラウンドの異なるメンバーが組織の壁を越えて協働することが重要になりますし、「やればできるはずだ」という信念、もしくは「この程度の困難はこれまでも乗り越えてきた」という自信があればこそ、イノベーションのためのエネルギーも湧いてくるのでしょう。

巨費を投じたむちゃな挑戦がイノベーションというわけではありません。組織の壁を越えて、様々な暗黙知を持ち寄って、もがきながらもそれを形に変え、高い目標に挑戦し続けてきたのが、絶好調時の日本企業の姿だったのでしょう。

2　組織が壁を越えるとき——チームの力が独創を生む

暗黙知と形式知という2種類の知識はどのようなプロセスを経て、知識創造につながるのでしょうか。著者は4つのパターンを示しています。

1つは暗黙知を暗黙知として伝えるプロセスで、共同化と呼びます。弟子が親方から技能を学ぶように経験をともにして、観察や模倣によって暗黙知を共有します。2つ目は暗黙知を形式知に変換するプロセスで、表出化と呼びます。言葉になりにくいコンセプトを他人に伝えるためには、メタファー（伝えたい概念を抽象概念になぞらえる）や、アナロジー（具体的な要素に例える）が用いられます。

３つ目は、形式知を形式知に変換するプロセスで連結化と呼びます。数値データを集計・分析したり、定性情報を整理・分類したりして、新たな意味を導き出すことなどです。

最後は形式知を暗黙知に変換するプロセスで、内面化と呼びます。形式知として得た情報や知識は、その人の過去の経験と結びついた形で、暗黙知としてのノウハウに昇華します。

欧米企業でのイノベーションは、才能を持った個人が主導する場合が多く、どのようにして知識が変換・創造されたのかは本人以外にはわかりません。日本企業のように集団で行われるイノベーションは、人から人へどのような知識・情報が伝わったのかを、ケーススタディとして調べることができます。

本書では、日本企業のケーススタディを取り上げ、暗黙知と形式知が相互作用しながら、組織の中で新たな知識を生み出すプロセスを解明しました。４段階のプロセスはその英語の頭文字をとってＳＥＣＩモデルと後に名付けられました。

このプロセスは、今でも日本企業の製造や開発の現場に残っていて、それが「ものづくり」の「すりあわせ」と呼ばれています。しかしながら、それがイノベーションと言えるレベルになっていないのが、今の日本企業の悩みなのです。

[ケーススタディ] キヤノンは複写機開発で缶ビールからヒント

形式知の共有を重視する欧米的なナレッジ・マネジメントとは異なり、『知識創造企業』では、日本企業を例にとり、知識がどのようにして創造されるのかというプロセスについての考察を行っています。

本書で紹介されている事例の1つ、キヤノンによるミニコピアの開発は1979年にスタートしました。すでに1970年に普通紙複写機市場に参入していたキヤノンは、小企業や個人事務所、さらには一般家庭でも使えるような小型多機能製品を開発するよう、研究者たちに要請しました。製品のだいたいのイメージとしては、①鮮明で安定したコピーが取れる、②世界最小・最軽量（20kg以下）、③最小の普通紙複写機の価格の約半分（20万円以下）、④可能な限りメンテナンスフリー、⑤クリエイティブで楽しさの要素がある——というものでした。しかし、この段階ではまだ技術的な見通しはなかったといいます。

このプロジェクトの実現可能性の調査研究チームとして、平均年齢28歳のメンバー14名

(研究開発8名、生産3名、マーケティング2名、デザイン1名)が集められました。ここでの重要な問題とは「なぜ普通紙複写機はあんなに高いのか」でした。普通紙複写機の大部分は複雑でデリケートな画像複写機構を用いており、紙詰まりを別にすれば、サービス・エンジニアが処理するトラブルの97~98%はドラムとその周りのメカニズムに関係していることがわかりました。従って、このメンテナンスを減らすことができれば、複写機はもっと安くできるのです。

何度かの合宿で議論を重ねたのですが、コストを下げようとすれば信頼性も下がるということで、解決策はなかなか見つかりません。しかし、1つのアイデアが現れました。もし感光ドラムとその周りの現像器やトナーを一体化して使い捨てできるようにしたら、どうだろうか、というものでした。そうすれば定期的なメンテナンスもいらなくなります。また、部品の高寿命化を図らなくて済むため、低コスト化が可能になります。さらに、ドラム周りをカートリッジにしてしまえば、機構も簡略化でき、部品も少なくて済むので、低コストと高信頼性が同時に達成できることになります。

では、そのカートリッジをいくらで作れるのか、が問題となりました。アルミの引き抜き材をベースにした従来の感光ドラムのシリンダーを低コストで作るといっても、それには限

3 『知識創造企業』野中郁次郎、竹内弘高著

度があります。合宿で議論をしていたチームは、ビールを飲みながらも議論を続けたのですが、そのとき、手にした缶ビールを見て、「この缶を作るのにいくらコストがかかるだろう」という話になりました。同じアルミ製品の製造プロセスとして、何が共通で、何が違っているのか、という検討をした結果、カートリッジの大きな低コスト化につながる技術を編み出すことになりました。

この調査研究チームの分析結果を見て、キヤノンは全面的な開発を決め、１９８０年に１３０人（のちには２００人）の正式なタスクフォースを発足させました。当時はまだカメラ主体の会社であったキヤノンですが、同社の最大のヒット商品であったＡＥ－１というカメラになぞらえた「複写機のＡＥ－１を作ろう」というスローガンの下、生産技術などの部門も巻き込んでいきました。さらには営業やソフトウェアの部門も巻き込み、最後には当時の賀来龍三郎社長の自宅にまで最終段階のマシンを置いてテストしてもらいました。

こうして完成したキヤノン・ミニコピアは１９８２年に発売され、大ヒット商品となっただけでなく、４７０の特許（うち３４０がカートリッジ・システム）をキヤノンにもたらしました。

◆低コストと高信頼性を両立させた発想の転換

前述したような、パーソナル複写機の5つのイメージは、インフォーマルな議論を何度も繰り返したのちに、経営陣によって設定されたガイドラインでした。単にこれまでの延長線上で、より小型の複写機を開発するというのではなく、家庭でも使えるような、段違いに小さなもの（20kg以下）を、段違いに安い価格（20万円以下）で提供するというように、インフォーマルな議論で浮かび上がった暗黙知的なイメージが、言葉として表現されたのです。

低コストと高信頼性という相反する問題の解決には、頭の切り替えが必要であったと当時の調査研究メンバーは述べています。どんなアプローチがありうるかを列挙する「拡散する頭」と、製品を作るのにどんな技術を使うのかを考える「収束する頭」です。この拡散と収束を何度かの合宿で行った結果、複写機構の全体を長寿命の部品の集まりと見るのではなく、寿命が一定の使い捨て部品からなっているという、逆転の発想が出てきました。合宿などでのブレーンストーミングは、この暗黙知を組織の暗黙知に変換するための「共同化」の手法として有効であると、著者は述べています。

そして、カートリッジを低コスト化させるアイデアとして、缶ビールのアナロジーが用いられました。メタファーとアナロジーは、暗黙知を形式化する表出化の際に用いられる手法

3 『知識創造企業』野中郁次郎、竹内弘高著

です。どちらにも「比喩」という訳語が与えられることがありますが、著者はこの2つを別の概念として捉えています。メタファーは、自分が伝えたい（抽象的な）コンセプトを、相手が知っているコンセプトに全体的に似ていると伝えるものです。「複写機のAE－1を作ろう」というスローガンは、具体的に何をどうしようと言っているわけではないので、メタファーの例と言えます。

アナロジーとは、自分が伝えたいコンセプトのうちの具体的な要素について、他のものにどう似ているのかという共通点を伝え、逆に違いをも明らかにしようというものです。アルミ・カートリッジとアルミのビール缶は、どちらもアルミ製の筒状のものですが、片方は高く、片方は安いという違いがあります。では、ビール缶を作るようにしてカートリッジを作れないのか、という具体的な検討に移りやすくなります。

暗黙知を形式知に変化する表出化は、知識創造のサイクルの中で最も難しい部分ですが、逆にいうと、知識創造の神髄でもあります。メタファーやアナロジーは、このプロセスにおいて重要な働きをするのです。

◆すりあわせだけでは、創造的なカオスは生まれず

著者は、キヤノンの事例をGEや3Mという欧米企業と比較分析しています。ジャック・ウェルチ時代のGEは「すべての事業分野でナンバーワンあるいはナンバーツーになる」、逆にそうでない事業からは撤退するというコンセプトを提示し、トップダウンでそれを推し進めました。3Mは起業家的な社員が発明を行うボトムアップのカルチャーを持つ会社ですが、過去4年で開発された新製品による売上比率を30％にするという業績評価制度を持つことでも知られています。

キヤノンのミニコピアの場合は、トップダウンによるむちゃな要求（家庭でも使える安価で小型の複写機）に対して、平均年齢28歳のチームが実現可能性を研究して、もがき苦しみながらも、答えを導き出しました。GEの場合はCEOのウェルチの頭の中でコンセプトが創造され、3Mの場合も個々の発明家社員の頭の中で製品アイデアがひらめいたのですが、キヤノンの場合はチームでコンセプトが形成されました。

多くの日本のメーカーは今、「ものづくり」という言葉を重視し、「すりあわせ」による技術開発を得意としているといいます。実際、暗黙知を共同化したり表出化したりということは、今でも多くの日本メーカーで行われています。では、なぜ日本メーカーからイノベー

ションが起きにくくなったのでしょうか。

アナログ製品の「ものづくり」のほうが、暗黙知が大きな役割を果たしやすいのかもしれません。例えばコピー機の紙詰まりを防ぐ技術などは、機械工学としての側面と、生産現場の技術改善の側面において職人的な伝承が有効であり、新興国メーカーが追い付きにくいのでしょう。一方、画像データの処理といったようなデジタル情報処理の技術は、プログラムとして形式知化できるものであり、その技術の載ったＩＣ部品を購入できれば、組み立ては新興国でも容易にできます。

韓国や台湾の企業は、デジタル部品の分野で、自国内のみならず世界中に供給するという戦略を選び、大胆な投資を行って、その戦略を推し進めました。その頃、日本企業はガラパゴス・ケータイなどの内需の分野で国内同業他社との横並びの競争をしていました。アナログとデジタルという環境の違いもありますが、グローバルな規模を追求するという戦略と、国内横並びのシェア争いに追われてしまったことの違いも大きかったのでしょう。大型テレビの製造工場に巨額を投じたのも、日本国内の地デジ化という特需に踊らされてしまったせいかもしれません。

いかに暗黙知の活用にたけていても、目標が対前年比１０５％とか、国内同業他社比のシェアアップというのでは、イノベーションが起こる土壌がなくなってしまいます。著者は組織的な知識創造を促進するための要件の1つとして、「創造的なカオス」を挙げています。キヤノンの賀来社長も「社員に危機感と高遠な理想を与えるのが、トップマネジメントの役割である」とよく言っていたといいます。社内に混乱は生じますが、それが引き金となって、社員が自分の考え方を根本的に変えることになり、新たな知識が組織的に創造されるのです。多くの日本企業に今足りないのは、それかもしれません。

3 前例なき商品開発――「駆け巡る30代」が担う

暗黙知を活用した組織的な知識創造が日本企業の強さの秘訣であったとするなら、なぜ、それは日本企業に固有の強みだったのでしょうか。

欧米企業の伝統的な組織運営スタイルは、トップダウンによる階層組織モデルでした。トップがコンセプトを作り、それをメンバーが実行する分業制です。1981年に米ゼネラル・エレクトリック（GE）の最高経営責任者（CEO）に就任したジャック・ウェルチは、トップダウンでメッセージを打ち出し、組織変革を主導しました。

一方、フラットな組織で自由に起業家精神を発揮してもらうのがボトムアップの組織運営スタイルです。３Ｍは粘着メモなどのユニークな製品を現場から生み出した会社として有名です。

日本企業の組織運営はどちらにもあてはまらないと著者は主張します。欧米流ではどちらの場合でも知識の創造は個人が担いますが、日本では組織の中で起きるからです。欧米流スタイルではミドルマネジャーの役割が無視され、むしろリストラのターゲットになってしまいます。

日本企業では逆にミドルマネジャーが重要で、トップとボトムの社員を巻き込んで知識を創造し、ビジネスを拡大させてきたといいます。

そこで、著者はこうした日本的スタイルを「ミドル・アップダウン」と名付けました。様々な部門に存在している暗黙知を共同化し、表出化させるには、組織を横断して動き回れるミドルの存在が重要だというのです。

社内横断的なプロジェクトチームを結成する場合、そのリーダーを務めるのはミドルです。社内に人脈を持つミドルが力を発揮するのです。

80年代までの日本企業はミドルが縦横に動ける環境にあったのかもしれません。近年はかってより組織の壁が厚くなり、暗黙知の共有も難しくなったように思われます。その違いが日本企業の元気のなさにつながってはいないでしょうか。

［ケーススタディ］シャープでは平均年齢32歳の電子手帳チーム

『知識創造企業』で取り上げられている日本企業では、ミドルがプロジェクトリーダーとして、多くの組織を横断的にまたがってトップやボトムの社員を巻き込み、新たな商品開発などにあたっています。そのプロセスの中で、暗黙知が活用され、集団で新たな知識が作り上げられています。では、そうしたイノベーションを起こすのに適した組織構造というのはあるのでしょうか。

本書で紹介されている事例の1つ、シャープには、1970年代の「電卓戦争」の際のプロジェクトを起源とした、緊急プロジェクト制度があり、これによって多くのヒット商品が生み出されました。その中の1つ、電子手帳のプロジェクトは85年に始まりました。

当時の成熟した電卓市場では、新興工業経済群（NIES）製品との競争も始まり、危機感が高まっていました。電卓事業部（当時）の製品企画部長は、「ICカードによって複数の目的に使える電卓」というアイデアで電子手帳の製品開発を行おうと考えましたが、そのためには、電卓技術に加えて、他の事業部の液晶表示装置や、大規模集積回路（ＬＳＩ）などの技術も使わなければならず、多くの部門から技術者を集めなければなりません。

それには、研究開発（Ｒ＆Ｄ）関係の最高意思決定機関である総合技術会議の承認を得ることが必要でした。電子手帳に入れた情報がオフィスのコンピューターともやり取りできるようになれば、電子手帳のユーザーがシャープのコンピューターやワープロも買う可能性があるとして、部門のトップたちを説得して回ったといいます。

こうした努力が実り、このプロジェクトは総合技術会議で承認され、８人のメンバーに「金バッジ」と「緊急指令発令」と書かれた辞令が手渡されました。開発の終了期限は１年で、86年10月に発売時期が設定されました。

リーダーはパーソナル機器事業部（旧電卓事業部）の技術課長、メンバーは同事業部から５人、ＩＣ事業部から１人、電子デバイス事業部門の液晶事業部から１人、平均年齢は32歳でした。この８人は通常の組織から出て、緊急プロジェクトチームに入り、その活動に専従することになりました。

「金バッジ」とは、会社のどこからでもメンバーを招集でき、プロジェクト期間中は役員と同じくらいの権限を持ち、その予算にリミットはなく、会社の施設・器具や資材を優先的に利用する権利が与えられることを意味しています。

1年後、プロトタイプが完成し、総合技術会議に提出されましたが、会議はその商品化に「ノー」という結論を出しました。メンバーは失意のうちに元の組織に戻りました。リーダーはなぜノーだったのかと分析しました。漢字が使えなかったのが最大の問題だとわかっていたのですが、漢字処理に手を付けると部品数や消費電力の問題があり開発が大変になってしまうという思いから、自らブレーキをかけていたのです。

そこで巻き返しを図るべく、社内公募制度を使ってパーソナル機器事業部内で開発チームを立ち上げ、金バッジはないものの、2カ月で漢字処理機能を持った電子手帳の開発に成功しました。87年1月に市場投入された電子手帳PA7000は、91年までに500万台を売る大ヒット商品になりました。

◆「緊急プロジェクト」という特命組織

シャープの日常のR&D活動は、典型的な伝統的階層組織で行われていました。技術本部の研究所は長期(3年以上)のテーマ、事業本部の研究所は中期(1・5~3年程度)のテーマ、事業部の研究所は短期(1・5年以内)のテーマに取り組み、研究の成果は「上か

3 『知識創造企業』野中郁次郎、竹内弘高著

ら下に」伝達されます。その際に、「下」の事業本部や事業部の研究員が「上」の技術本部の研究所に2～3カ月異動したり、またその逆のパターンもあったりして知識が移転されます。

しかし、戦略的新商品の開発となると、この組織とは完全に独立したタスクフォース組織が用いられます。これが緊急プロジェクトです。金バッジという特権が与えられるため、「思い切り羽を伸ばした開発ができる」のです。緊急プロジェクトのメンバーは期間中は専従ですが、期間が終了すれば元の組織に戻ります。

著者は、シャープの組織は、3つのレイヤーから成り立っていると分析しました。一番上にはプロジェクトチーム・レイヤーがあり、具体的な製品開発に向けて、新たな知識の創造に突き進んでいきます。2番目には伝統的な階層組織のレイヤーがあり、ルーティンの仕事を効率よくこなしていきます。そして3番目には知識ベースのレイヤー（組織という形はとらない）があり、上の2つのレイヤーで作られた知識が再分類・再構成されます。つまり、新たに開発された技術やノウハウが組織の中に共有され、別の事業機会にも活用できるようになるのです。

著者は、こうした組織を「ハイパーテキスト型組織」と名付けています。インターネット上の画面の青い単語をクリックすると、その単語の意味を解説する別のページに飛んだりしますが、これもハイパーテキストと呼ばれます。元のページと解説のページでは、同じ単語が違う文脈の中で用いられているわけですが、それと同様に、企業組織の中にも異なる文脈で知識が活用されることがあるというわけです。

このハイパーテキスト型組織は、マトリックス組織とは異なります。マトリックス組織では、縦軸と横軸の両方に上司がいて、両方に報告する関係になりますが、ハイパーテキスト型組織では、プロジェクト期間中はプロジェクトに専念します。単なるプロジェクトチームでは、チームが解散するとプロジェクトで得られた知識が雲散霧消してしまいますが、ハイパーテキスト型組織では、プロジェクト終了後も知識が共有され、他の商品開発にも生かされます。

1980年代のシャープの場合は、オプトエレクトロニクスというビジョンを会社として掲げていて、これに関連する知識を様々な分野に応用しようという組織的な意図が共有されていました。実際、シャープは電子手帳の成功以降も、液晶分野で様々なヒット商品を次々と出していきました。

◆長引く不況で活躍の場を奪われたミドル

シャープの電子手帳のプロジェクトメンバーの平均年齢は32歳でした。前節で紹介したキヤノンのミニコピアのプロジェクトメンバーの平均年齢は28歳でした。リーダーはもちろんその中では年長なのでしょうが、30代半ばぐらいだったでしょう。1980年代当時のミドルとは、30代半ばくらい（肩書でいえば課長クラス）を指す言葉だったのです。

今の日本企業と比べると、ちょっと感覚が違うのではないでしょうか。今の30代半ばというと、バブル崩壊よりもさらに後の97年の金融危機の頃に入社した世代ということになります。まさに「失われた20年」が始まって以降に入社したわけで、正社員の新卒採用が極端に絞られ、同じ部署にはなかなか後輩が配属されず、いつまでも部署内の最若手として扱われてきた世代ということになります。30代半ばとなった今でも、たぶん多くの人が「若手」と呼ばれているのではないでしょうか。

80年代の日本企業の成功要因の1つが、ミドル・アップダウンというスタイルにあったとするならば、残念ながらそのスタイルは今の大企業には残っていないのかもしれません。30代半ばという、果敢にリスクをとってプロジェクトリーダーをやるのにふさわしい年代は、今の大企業では若手という扱いであり、責任を任せてはもらえません。

一方、課長クラスになるのは40代半ばになってしまい、果敢にリスクをとるというよりは、若干保守的になる年代です。そもそも、40代半ばの世代といえども、バブル崩壊の頃の入社ですから、自社が元気だった頃のことはあまり知らないわけです。

ミドル・アップダウンではないとするなら、今の日本企業はトップダウンかボトムアップなのでしょうか。そういうわけでもなさそうです。強烈なトップというと日産のカルロス・ゴーン氏が思い浮かびますが、彼はフランス企業出身です。ソフトバンクの孫正義氏やファーストリテイリングの柳井正氏もトップダウンで有名ですが、創業者だからこそのパワーと言えそうです。ボトムアップで元気な会社というと、往年のリクルートや、近年のDeNAなどネット系企業ということになります。いわゆる大企業というと、トップダウンでもボトムアップでもないようです。あえて言うなら、前例主義ということになります。

今の役員の世代（50代後半から60代）は、若い頃は様々なプロジェクトを経験してきたのでしょうが、「失われた20年」の間に保守的になってしまったのかもしれません。その世代をお手本にしてきた今のミドル（40代）もまた、前例踏襲型のスタイルを学習してしまったのでしょう。前例踏襲では、そもそも知識創造もイノベーションも起こりません。トップが強烈に前例否定の姿勢を打ち出して、思い切った30代（今の組織内では若手）の登用でもしない限り、ミドル・アップダウンには戻れないのかもしれません。

4　日本企業よ暗黙知の共有に引きこもるな

暗黙知に基づく組織的な知識創造は日本人にしかできないのでしょうか。同質性が高いとされる日本人の特性にその理由があるのなら、知識創造をグローバル展開するのは無理なのでしょうか。

日本的な知識創造を、西洋的なスタイルと対比させてみると、次のような特徴があります。

第1に西洋では個人の中で知識創造が行われますが、日本ではミドルマネジャーに率いられた集団が知識創造を担います。

第2に西洋では文書化された形式知が重視されますが、日本では直感、比喩的言語、体験によって暗黙知が共有されます。

第3に西洋的組織は明確な分業が尊重されますが、日本的組織では境界があいまいです。

著者は知識創造のプロセスをSECI（共同化、表出化、連結化、内面化）の4段階に分けています。日本企業は暗黙知を暗黙知として伝える共同化と、形式知を暗黙知に変える内面化に強く、欧米企業は暗黙知を形式知化する表出化と、形式知を形式知に変換する連結化に強いと言えます。

米モトローラやゼネラル・エレクトリック（GE）が品質管理（QC）のために「シックス・シグマ」と呼ばれる手法を編み出したのは有名な話ですが、その原型は日本のカイゼン活動にあります。QCサークル活動は生産現場の労働者たちが経験的な暗黙知を共有して効率化を図るものですが、そのままでは海外では展開できません。

シックス・シグマはそうした暗黙知的な方法論を形式知に転換したものであり、日本的な強みと西洋的な強みを合わせた組織的知識創造が有効に機能した例と言えます。

日本的な強みのみに立脚していると、暗黙知が暗黙のまま留まってしまいます。著者は日本的な知識創造の落とし穴として、誤った多数派の意見や強硬な意見に流されやすい傾向がある点と、過去の成功体験に過剰適応しやすい点を挙げています。

［ケーススタディ］新キャタピラー三菱であぶり出された企業文化の違い

『知識創造企業』では、日本企業が暗黙知の活用（共同化と内面化）に強く、欧米企業は形式知の活用（表出化と連結化）に強いという特徴を挙げています。この両者が統合されれば、グローバルな規模の組織的知識創造も可能になるのですが、それにはもちろん困難も伴います。両者のスタイルの違いがどのように摩擦を起こし、それを乗り越えるとどのような成果が上がるのでしょうか。それには、日本企業の海外での事業展開や、日本と欧米企業との合弁事業のケーススタディが示唆をもたらしてくれます。

本書で紹介されている事例の1つ、新キャタピラー三菱（現キャタピラージャパン）は、米国キャタピラーと三菱重工業との合弁会社キャタピラー三菱（1963年設立）が、三菱重工の油圧ショベル事業と合併して1987年に設立された会社です。その後、2008年には三菱重工の出資比率が下がり、社名がキャタピラージャパンに変更され、2012年にキャタピラーの100％子会社になりました。

当初から三菱重工は、自社の油圧ショベル技術に自信を持っていたため、キャタピラー三菱と三菱重工の油圧ショベル部門の合併交渉に関して、メリットが少ないとして1977年にいったん白紙に戻していました。しかし80年代になり、コマツが米国市場に参入して競争が激化し、キャタピラーが50年ぶりに赤字に転落すると情勢が変わり、2社の合併が実現しました。三菱重工から見ると、自社の技術をグローバルに展開する販路が開かれたことになります。

新会社が発足して、ＲＥＧＡシリーズという、日米欧の工場で生産される油圧ショベルの開発が始まりました。しかし、日本と米国の製品開発方式の違いが、次のような多くの衝突を引き起こしました。

①優先順位の違い

三菱重工ではコストを最重要視し、そのコストの中で品質のよいものを作ろうとしますが、訴訟社会の米国では安全性が最重視され、たとえ高価格であっても高性能なものを顧客は買うとキャタピラーは考えていました。

②開発思想の違い

三菱重工では研究開発（Ｒ＆Ｄ）部門が主導して製品仕様を決めるため、最小コストが達成できないなら、仕様を変え、販売価格も引き下げます。しかしキャタピラーではマーケティング部門の意見が強く反映されます。利益の半分以上を部品とアフターサービスが稼ぎ出すので、ディーラーやユーザーにとっての価値が重視されていました。

③生産方式の違い

三菱重工では、プロトタイプ、パイロット機、量産準備が並行して行われるラグビー式でしたが、キャタピラーは前段階が終わってから後段階が始まるリレー式でした。

④設計思想の違い

三菱重工は、自社の明石工場の特長を生かして設計デザインも独自のものにしようと主張しましたが、キャタピラーは世界的に部品の互換性を保ちたいので、世界的標準化を主張しました。

これらの違いは、単なる言葉の壁によるものではなく、アプローチ方法の違いでした。最終的には新キャタピラー三菱が性能と安全性の点では妥協しないということ、進行については定期的にキャタピラーに報告するということを条件に、REGAプロジェクトの大枠は日本的な製品開発手法に任されることになりました。

◆知識創造における日米のスタイルは対照的

新キャタピラー三菱では、2人の本部長、2人の副本部長（それぞれ日本人と米国人）が机を並べて仕事をすることになり、多くの米国人エンジニア（最終時点の1992年には21人）が在籍してプロジェクトにあたりました。米国人はわからないことにすべてWhy?と質問したのですが、ほとんどの日本人は、なぜだ、なぜだ、と聞かれると答えられなくなったといいます。日本人エンジニアたちは、暗黙知に基づくコミュニケーションが外国人には通用しないことを思い知らされました。つまり、表出化（暗黙知の形式知への変換）が重要な課題となったのです。

日米欧の3工場で生産するための合同会議が開かれましたが、そもそもキャタピラーでは米国工場と欧州工場のエンジニアが顔を合わせることもなく、図面を送り合うだけの関係でした。一方、三菱重工のスタイルでは、設計部門と工場の関係が緩やかで、工場は現場で図面を修正していました。与えられた設計図に従わないことを誇る気風まであったのです。

キャタピラーのエンジニアは、完成製品の設計図だけでなく、製造プロセスの図面も作製し、950あまりの組み立て作業手順にも詳細な文書説明を作成しました。まさに暗黙知を形式知化しようとしたのです。以前の日本人エンジニア同士の作業では、課長が「こう決めた」と言えば、「なぜ」と質問する人はいなかったのですが、外国人にもはっきりとあいまいなところがないように説明しなければならなくなったのです。

1991年、日本人の課長がキャタピラーの米国工場に赴任し、設計図に基づいて生産を行う際にぶつかる問題を、現場の人たちと一緒に解決するという仕事に就きました。キャタピラーにはこういう仕事はなく、そもそも設計者が工場を訪れることもありませんでした。日本的な現地・現物主義とは、まさに現場で暗黙知を共同化することです。

3　『知識創造企業』野中郁次郎、竹内弘高著

キャタピラーの工場では、コスト削減の意識もあまりありませんでした。米国に赴任した日本人課長が明石工場でのコスト削減の苦労話をするうちに、キャタピラー工場の米国人も興味を示すようになり、その課長の体験談と手書きのメモをもとに、米国人スタッフ数人が6カ月でコンピューターのコスト・モデリング・システムを作り出しました。これは米国人による連結化（形式知の新たな形式知への変換）の強みです。

こうして開発されたREGAは92年に発売され、販売計画を上回る実績を上げました。この開発プロジェクトにおいては、日本的な合同会議や現地・現物主義のような共同化の手段、ラグビー型の自己組織的な開発プロセスが用いられ、米国的な詳細図面、作業のマニュアル化といった表出化の手段と、コスト・モデリングという連結化の手段も用いられました。両者が共同チームを組むことによって、お互いの強み・弱みを認識し、相互補完を行うことができたのです。

◆海外で戦うには内向きすぎる日本企業

新キャタピラー三菱の事例は、日本企業の暗黙知の強みが、米国企業の形式知の強みと相互補完することで効果を発揮した例でした。トヨタ自動車の生産管理のノウハウも、両社の強みを生かす形で、マザー工場を核にした海外展開が行われています。例えば北米に新工場を建設する際には、そこの工場管理職たちが一定期間トヨタの日本の工場で働いて、共同体験を通じて暗黙知を吸収し、北米で展開します。近年では、南米での工場建設に際して、北米の工場がマザー工場の役割を果たしているともいいます。また、トヨタは自社の企業理念を「トヨタ・ウェイ」としてまとめ、その英語版も作成しました。トヨタが急速に世界での販売台数を拡大した背景には、そうした努力もあったのです。

グローバルに売り上げ規模を成長させ続けている会社であれば、海外へのノウハウ展開が急務であり、暗黙知のままではなく、形式知化も図っていく必要に迫られています。しかし、売り上げが停滞している会社が、コストダウンのために海外移転する場合は、そこまでの努力を行う必要はなく、むしろ国内工場は高付加価値化、海外工場は単純生産、という分業で十分なのかもしれません。

国内で、あうんの呼吸が通じる下請けメーカーと暗黙知を共有し、得意の「すりあわせ」で低コスト化を目指していれば、継続的にコスト効率は上がっていきます。しかし、急拡大する新興国市場には、段違いに低コストの商品も投入しないといけません。そのためには、現地の社員も巻き込んで、新たな商品コンセプトの設計から行わないといけないはずです。

一部の企業は、そこまで踏み込んでいるのですが、多くの企業は、国内で心地よく暗黙知の共有に引きこもっているのではないでしょうか。

本書がケーススタディとして取り上げた事例は1980年代のものが中心で、その当時はまだ製品輸出によるグローバル化が中心でした。新キャタピラー三菱のように日米の文化が衝突するほどのプロジェクトは当時まだ珍しく、日本企業の現地の組み立て工場に日本人が赴任して現地エンジニアを教育する程度でも十分に先進的でした。

しかし、今の時代にその程度のグローバル化では海外のライバルに引き離されてしまいます。品質管理のノウハウはすでにかなり形式知化されて普及しています。欧米企業が新興国企業と組んで、形式知化されたノウハウを最大限に活用すれば、かなりのスピードで事業を拡張することも可能でしょう。それに対して、日本国内で暗黙知の世界にこもっていては周回遅れになってしまいます。海外企業と連携して、暗黙知と形式知の強みを組み合わせることが、今後のグローバル競争を勝ち抜いていくための鍵になるのではないでしょうか。

4

『経営戦略の論理〈第4版〉』

伊丹敬之著

――戦略が成功するための5つの適合要因

岸本義之

（〈執筆時〉プライスウォーターハウスクーパース・ストラテジー）

Strategy&（旧ブーズ・アンド・カンパニー）の法人名は、執筆当時はプライスウォーターハウスクーパース・ストラテジーでしたが、2016年3月にＰｗＣコンサルティング合同会社に統合しました。

経営戦略の論理〈第４版〉――ダイナミック適合と不均衡ダイナミズム　日本経済新聞出版社、2012年／伊丹敬之

1 「情報」という見えざる資産——成功する経営には論理がある

『経営戦略の論理』は一橋大学名誉教授の伊丹敬之氏の代表作で、1980年に初版が刊行され、2012年に第4版が刊行された30年を超すロングセラーです。この本は、成功する経営戦略には偶然ではない論理があると解明しています。

今でこそ、企業の経営資源はヒト、モノ、カネ、情報の4つだと広く理解されていますが、4つ目の情報を「見えざる資産」と名付け、その重要性を強調したのが、30年前のこの本です。

本書では成功する戦略は5つの要因にうまく適合しているといいます。5つとは顧客、競争、資源、技術、心理です。前2者は外的要因、後3者は内的要因です。

著者は適合という言葉を能動的な意味で使っています。顧客ニーズをそのまま受け入れるのは受動的な適合ですが、それでは多様な製品を安く売るだけになり、利益が上がりにくくなります。

能動的な適合では顧客ニーズを先取りし市場を創造します。競合に対しても自社の強みを生かし、弱みを突きます。

より高いレベルではテコ的な適合があると指摘しています。顧客が顧客を呼ぶような状態や、競合が反撃しにくくなる状況を作り出すことが、テコ的な適合です。

内的要因に関しても、今ある経営資源の範囲で間に合わせる受動的適合ではなく、経営資源をよりよく生かすことも可能です。ヒト、モノ、カネは簡単には増えませんが、見えざる資産の情報はうまく使えば、増やすことができます。

戦略を実行して、見えざる資産が蓄積されるというサイクルを描くものが、成功する経営戦略なのです。身の丈の適合ではなく、ストレッチした適合を目指すことが可能になるのです。

身の丈に甘んじてじり貧に陥る企業や、むちゃな投資で経営難になる企業が多いのですが、本書が今も読まれているのは、そうした状況から脱出するヒントがあるからではないでしょうか。

［ケーススタディ］清水焼が源流の村田製作所

前述の通り、１９８０年に初版が刊行され、２０１２年に改訂第４版が刊行された『経営戦略の論理』は、30年を超えて内容を進化させてきたという珍しい経営書です。本書では第3版以降、ケースブックという別冊も刊行されています。本書の章立てに合わせて、内容をより理解できるように企業の実例を紹介していて、その内容も第4版の刊行時に刷新されています。

同ケースブックで紹介されている事例の1つ、村田製作所は、もともとは京都の清水焼を源流とする企業です。同社の創業者、村田昭氏は、1939年に父の経営する村田製陶所を手伝い始めます。船舶用の電灯ソケットに使われる電気用碍子《がいし》などを製造していた同社で昭氏は営業の仕事をしていましたが、商売を大きくしようとすると、同業者より安くしないと注文はもらえないということに気づき、新たな分野を手掛けようと考えました。

最初は、大学の研究室などで使う坩堝《るつぼ》や燃焼管などの特殊磁器を手掛けようとしたのですが、これらは村田製陶所の登り窯では温度が低くて焼けません。しかし、「坩堝を受ける三角架の焼き物にひびが入って困る」という声を耳にした昭氏は、三角架であれば今の窯でも焼けると考え、材料や形状を工夫した小型炉を考案しました。

同じ頃、島津製作所から航空機部品の精密特殊陶器の製作を依頼されたものの、これも当時の村田製陶所では作れず、外部の金型工場などからも協力を断られるという「初モノ」でしたが、試行錯誤の末に何とか作り上げることができました。

さらに三菱電機の購買担当者から、酸化チタン磁器コンデンサの依頼も受けました。これまで扱ってきた磁器は絶縁物としての用途でしたが、今度は誘電体という新分野です。しかも三菱電機の技術者がなかなか製品化できなかったという「初モノ」でしたが、1944年に製品化に成功しました。このときに、村田昭氏は村田製陶所をやめ、村田製作所という企業を創業したのです。

◆「斜め飛び」で技術革新を連発

この酸化チタン磁器コンデンサは、軍事用通信機器向けが中心だったため、終戦とともに需要がなくなってしまいました。しかし、1947年頃からラジオ局が多く開局するようになり、同社が真空管ラジオ用の酸化チタン磁器コンデンサの寿命改善に成功したこともあって、生産が急増します。この頃同社は京都大学の研究に協力し、より性能の優れたチタン酸バリウムコンデンサの開発にも成功しています。

その後、1963年に村田昭氏が米エミー社の工場を見学したことをきっかけに、村田製作所はチップ積層コンデンサの開発に着手します。長い開発期間は要しましたが、製造技術を確立することができ、現在に至るまで続く小型化・高容量化の技術革新を支える基盤になりました。

こうした技術革新を可能にするために同社は、材料、プロセス、設計、生産、分析、評価といった一連の技術開発を社内で一貫して行っています。現在でも製造の上流工程は国内で行い、中間製品を海外の製造会社へ供給しています。セラミックと金属の層が交互に入った構造のものを一体として焼き固めるには熟練労働者の勘と経験が不可欠なためです。

村田製作所では、1940年代の、絶縁体としての磁器からコンデンサという電子部品への進出を「斜め飛び」と表現することがあるといいます。販売先も機械メーカーから電器メーカーへと変わり、少量生産から大量生産へ、高単価製品から低単価製品へとも変わりました。新たな技術で新たな市場を切り開くことが「斜め飛び」です。

第2の「斜め飛び」は、1960年代の圧電製品への進出です。チタン酸バリウムには圧電（電気を振動に変える）性能もあるのですが、京大教授のアドバイスをもとに、圧電特性を生かして不必要な電波を遮断して必要な電波だけを流すという通信機用フィルタの開発に着手しました。

6年の歳月はかかりましたが、材料をチタン酸ジルコン酸塩に変更するなどして、

1961年に開発に成功しました。最初のフィルタはAMラジオ用でしたが、のちにテレビ用、移動体通信用などに展開しました。これも、誘電体から圧電体、ラジオから通信機器市場へという「斜め飛び」です。

◆「初モノ」への果断な挑戦――顧客ニーズにこだわる

村田製作所の2011年度売上高の分野別比率はコンデンサ36％、圧電製品14％、その他コンポーネント（EMIフィルタなど）19％、通信モジュール22％、電源他が9％となっていて、創業時の商品であるコンデンサが今でも最大事業分野です。第2の分野である圧電製品も14％あり、これは通信モジュールにも使われています。

誘電から圧電への「斜め飛び」の次は、磁性技術への応用で、電磁障害対策部品であるEMIフィルタがそうした製品です。また、モジュールというのも、部品単体のビジネスから複数部品の組み合わせモジュール事業への「斜め飛び」と言えます。セラミック材料という地面は共通しているのですが、使う技術と、対象市場が異なる分野に次々と展開したのです。

「斜め飛び」だけではなく、同じ技術を応用させた「技術のにじみ出し」や、同じ事業分野向けに異なる技術を取り込む「事業のにじみ出し」（提携や買収を伴うこともある）も、同社の事業展開のパターンです。

村田製作所がこのような事業展開で成長できた理由の1つは、同社の技術的な強みが受動部品（電気信号の増幅などをしない部品）にあったためと見ることができます。能動素子（電気信号を増幅する素子）は、真空管、トランジスタ、集積回路（ＩＣ）と非連続的に進化したのですが、受動部品は連続的な技術進化であり、世代交代によるプレーヤー交代も起きにくかったのです。この連続的な技術変化の中心にいることができたのが、村田製作所です。

もう1つの重要な理由は、「初モノ」の要請に応えるという行動パターンを創業時から持ち続けていたという点でしょう。既存の商品のままで商売を大きくしようとすると、同業者より安くしないと注文はもらえないという気づきが、創業の原点でした。京大の実験室や、島津製作所、三菱電機などからの「初モノ」の要請に応えることで、同質的な安値競争に陥ることを避けることができたのです。社外の専門家の知恵を借りつつ、社内の一貫体制という資源を活用して、困難な「初モノ」に挑戦し、成功してきたと言えます。

◆70年の歴史からにじみ出る「5つの戦略的適合」

『経営戦略の論理』では、５つの戦略的適合の観点から戦略を分析しています。ここで村田製作所の事例を、その枠組みにあてはめてみましょう。

顧客適合に関しては、今いる顧客のニーズに受動的に適合するのではなく、「初モノ」を必要とする顧客を選択しています。このことによって、同質的な安値競争に陥ることを避け、新たな技術を獲得する機会を得ているのです。ここで獲得した技術は、他の一般顧客に展開して利益回収を図るという構図になります。こうした顧客ミックスの関係は、著者のいう「テコ的な適合」の一例にあたります。

競争適合に関しては、「初モノ」に挑戦するがゆえに、競争が少ないエリアを選択することができます。他社は後から追随してくるでしょうが、先端ニーズを先に理解しているという先行者のメリットがあります。

資源適合に関しては、セラミックに関する技術開発を社内で一貫して行っており、製造の上流工程は国内で行っています。このために、「見えざる資産」である技術的ノウハウ、用途に関する知見などを、自社内で蓄積し、共通利用できるようになっています。

技術適合に関しては、受動部品としてのセラミック技術をコアとして連続的に「斜め飛び」の進化を続けることができてきました。能動素子のように世代交代で主役が突然交代することがないのは、「筋のいい」技術を選択できた結果かもしれません。

心理適合に関しては、「初モノ」「斜め飛び」に挑戦する企業カルチャーが形成されたため、既存の技術と市場の周辺だけに安住する「身の丈」経営に陥らずに済んだとみることができます。

このように見てみると、村田製作所のここまでの約70年は、これら5つの要因に対して、受け身ではなく、能動的に選択し、働きかけてきた歴史であったと言えます。「斜め飛び」は、今までの事業とは異なるためにストレッチを要しますが、「見えざる資産」が活用できる分野であればこそ、そうしたストレッチが実現できるのです。

2 「顧客は誰だ」――ヤマト運輸が宅急便で探り当てた巨大な鉱脈

本書では成功する戦略には5つの要因への適合が必要だとしています。その1つの顧客適合について見てみましょう。

経営戦略の原点は顧客にあると著者は言います。いくら商品開発を短期化しても、顧客ニーズに合わない商品を出し続けていては、業績は伸びません。明確な意図と論理の下、「誰が顧客か」を定義すべきです。

顧客ターゲットを明確化するには捨てる覚悟も必要です。1976年にヤマト運輸が宅急便を開始したときのターゲットは主婦を中心とする個人で、百貨店などの配送からは手を引きました。そして主婦にわかりやすいように集配の簡便さ、全国一律価格、荷造り不要などを打ち出しました。

ターゲットを絞り込むことで商品コンセプトが明確になると、ターゲット周辺の顧客もその利便性に気がつき、利用するようになります。絞り込むことで広がりが生まれることもあるのです。

適合という言葉を著者は能動的な意味で使っていますが、顧客ニーズを先取りすることも能動的適合です。不確実な変化に対しても顧客との直接の接点を持つなどして、変化を先んじて察知できることと、それに対応する「見えざる資産」を蓄積することが重要です。

著者はより高いレベルのテコ的な適合もあるとしています。ある顧客が新商品を使い始めると、周囲がそれをマネしたり、商品に満足した顧客が周囲にそれを推奨したりするような効果がそれにあたります。

意図的に顧客ミックスを作り出すことも同様です。例えば、早期から商品を買ってくれる顧客や商品改良にうるさく注文をつける顧客と、そこで蓄積された「見えざる資産」を活用して量産化した製品を買って利益をもたらしてくれる顧客、という組み合わせです。

将来の成長を見越して能動的に働きかけていくことが、企業の成功には重要です。顧客を能動的に選ぶことも戦略的な適合なのです。

[ケーススタディ] 最初は主婦がターゲットだった宅急便

『経営戦略の論理』が示す5つの戦略的適合のうち、顧客適合の事例として本書および別冊ケースブックで紹介されているのが、ヤマト運輸の宅急便です。

ヤマト運輸は1919年に創業し、1935年には関東一円にネットワークを持つ運送会社になり、戦前には「日本有数のトラック会社」と認められる業績でした。戦後は、通運（鉄道コンテナ等を使い発戸口から着戸口まで貨物を運ぶこと）や百貨店貨物へと事業を拡大しました。しかし、鉄道主体だった長距離輸送がトラック主体に切り替わった時期に、その流れに乗り遅れてしまい、業績が低迷しました。

運輸業の中心にあるのは「B2B」の商業貨物です。お歳暮やお中元などの百貨店貨物は

「B2C」にあたり、個人間の輸送が「C2C」となります。C2Cの運送は、引っ越しを除けば郵便局の小包（現在のゆうパック）のほぼ独占で、他には鉄道小荷物（86年に廃止されたチッキ）があるだけでした。

71年に父の後を継いでヤマト運輸の二代目社長に就任した小倉昌男氏は、このC2Cに参入しようと考えました。競争相手が郵便局しかいないので、一旦参入できれば、競争環境上は魅力的です。しかし、個人から荷物を集めて個人宛てに配達するのは手間がかかります。ネットワークを築くための莫大な投資を回収するためには、最初から利用者を大きく増やさないと、採算が合うまでに長い年月がかかってしまいます。

小倉社長は75年に役員会での承認を受け、社内ワーキンググループでの検討を開始しました。当時有名になった海外旅行のパッケージ「ジャルパック」のように、すべてがセットになっていて誰でも気軽に利用できるようにしたい、特に小包のような荷物を出す主婦に気軽に使ってもらえるようにしたいと考え、「頼みやすい」「料金体系が分かりやすい」「荷造り不要」「翌日届く」をコンセプトとして掲げました。

「頼みやすい」ために、荷物一つでも家庭に集荷に行くことにし、商店（特に酒屋と米屋）を取次店にしました。郵便局は集荷をしていないので、これは大きな違いになります。

「料金体系が分かりやすい」ために地域帯別の均一料金で、郵便小包より高くない水準にしました。「荷造り不要」は、特に鉄道小荷物で何度も叱られてやり直すという経験をした人に、アピールすると思われました。そして「翌日届く」を原則にしたのです。

ただ早いというだけでは主婦の心理に響かないので、（当初は東京23区内と関東6県の市部限定ではありましたが）「翌日配達」と集配車の側面に書きました。こうして宅急便がスタートしたのは76年のことでした。

◆三越・松下電器との決別——あえて大口顧客を捨てる

宅急便を始めた当初、ベテラン運転手は手間がかかる集配や伝票記入を嫌がり、大型トラックの運転のほうを「偉い」とみなしていました。しかし、商業貨物では荷主に使われ、怒鳴られていたのに、宅急便では必ず「ご苦労さま」「ありがとう」と言ってもらえるので、宅急便のほうに働きがいを感じるようになったといいます。

１９７９年には、創業当初からの安定した荷主だった三越の百貨店配送業務から撤退しました。Ｂ２Ｃである百貨店配送は、Ｃ２Ｃに似た点もあったのですが、小倉社長はあえて撤退を決断しました。

同年、松下電器（現パナソニック）との取引も解消しました。ヤマト運輸にとって最大の取引先でしたが、家電を工場から大量に輸送するB2Bビジネスは、宅急便とはかけ離れたものでした。商業貨物を減らすようにと指示をしてもなかなか減らなかったのですが、このことによって、いよいよ後がないというムードを社内に植え付けたのです。この結果もあり、宅急便の取扱個数は、79年の2226万個から翌80年には3340万個に増加し、損益分岐点を超えて経常利益率5・6％を記録しました。

大口顧客からの撤退は、顧客を主体的に選択する大きな決断でした。加えて、個人顧客の中でも主婦をターゲットにするという意味で、宅急便は顧客ターゲットを主体的に選択しました。ターゲットをあえて狭くしたので、「頼みやすい」「料金体系が分かりやすい」「荷造り不要」「翌日届く」のコンセプトを設定できたのです。漠然と個人顧客を想定していたら、こうはならなかったでしょう。

「一兎を徹底して追うものは、結果的に二兎を得る」というのが、宅急便に起きたことです。このサービスが奏功すれば、主婦以外の人も利用しないはずはないのです。例えば、のちに登場したゴルフ宅急便が主婦向けでないことは明白です。ちなみに、このサービスは、ゴルフ場へコンペの賞品を宅急便で送ろうとした顧客が、「ついでにゴルフバッグも送れないか」と問い合わせたことがきっかけになって商品化されたといいます。

◆「サービスが先、利益は後」——すべては顧客のために

宅急便を全国展開するには、全国各地でトラック運送事業の免許を取るために当時の運輸省と様々な争いを起こすことになりましたが、営業所を全国に開設するための投資も必要でした。全国くまなく、30分以内で集荷に行くためには、警察署（緊急出動要請から30分以内に駆けつけることになっています）と同程度の数、すなわち１２００カ所が必要だと判断しました。また、各営業所には最初から最低5台の集配車を配置しました。「翌日届く」を確実にするには、そのレベルが必要だったからです。

このとき、小倉社長は「サービスが先、利益は後」という標語を社員に示したといいます。目先の採算のためにサービスレベルを下げるのではなく、すごく便利なサービスだという評判を早く高めて、取扱数量を増やすほうが得策だと判断したのです。

それでも、遠距離（例えば東京から岡山以遠）だと、翌日ではなく3日目でないと配達できませんでした。そこで、1日2便制にしました。午前中の荷物を1回ベースに集め、午後の荷物をまたベースに集めるだけなので、末端の集配車の台数は増えないのですが、ベース

間の運行車の台数は2倍必要になります。ここでも「サービスが先、利益は後」ということで、まずはサービスレベルの向上を先にしたのです。

その後もサービスの拡充は続きます。１９８３年に開始した「スキー宅急便」のためには雪上車の開発まで行いました。89年には「夜間お届け」を開始します。在宅率が低下するなかで不在の持ち戻りが増えるのですが、最初から夜間（午後6～8時）を指定してもらえれば二度手間は減ります。98年からはさらに進んで「時間帯お届けサービス」を導入し、２００２年には「宅急便メール通知サービス」も登場しました。時間帯指定という細かいサービスのためには情報システムもレベルアップする投資を行いました。

２００３年には、約２０００カ所あった営業所を約５６００カ所のエリアセンターに分けて、権限移譲を進めました。営業所には平均20人以上のドライバーがいたのですが、これを7～10人の小集団にして、地域の密着度を高めたのです。どうすれば初回配達率を高められるかなどの工夫を共有しやすくしようという狙いがあったといいます。

◆ヤマトの戦略は「むちゃ」ではなかった――市場創造の鉄則とは

『経営戦略の論理』では、５つの戦略的適合の観点から戦略を分析しています。ここでヤマト運輸の事例を、その枠組みにあてはめてみましょう。

顧客適合に関しては、商業貨物の顧客を捨て、主婦をターゲットとして主体的に顧客を選択しています。このことによって、サービスの訴求点をより明確化することができました。また、顧客の声をもとに新サービスを次々と開発し、ニーズの先取りにも成功してきました。顧客との接点を自社が持っていて、そこから上がる情報（見えざる資産）を活用できる仕組みがあったと言えます。

そもそも、C2Cのビジネスでは、送る側（宅急便を利用している）から受け取る側（宅急便を知らないかもしれない）に、サービスを紹介していることにもなるので、「顧客が顧客を呼ぶ」というテコ的な適応にもなっています。

競争適合に関しては、郵便局の小包という既存の巨人に対して、反撃の難しいサービスで挑戦しています。一個でも家庭まで集荷するサービスや、翌日配送や、時間帯お届けというのは、数日で届けることを前提に組み上げられていた郵便小包の仕組みの中では追随が非常に困難でした。このように、競争相手の弱みを知って、直接的な衝突が起きないようにすることや、反撃をしにくくすることを、著者はテコ的な競争適合と呼んでいます。

資源適合に関しては、密度の高い拠点網を全国に作り上げたことが、能動的な適合にあたります。著者の定義によると資源を遊休させずに利用しつくすことが能動的な資源適合なのですが、ヤマト運輸の場合、将来を見越して拠点網や集配車を多めに配置し、それを遊休させずに済むように取扱個数を増やしていきました。

技術適合に関しては、荷物データだけではなく、個人顧客の会員データも用いてメール通知サービスを行えるというシステムなどにも投資した点が、能動的な技術適合にあたります。

心理適合に関しては、「サービスが先、利益は後」というメッセージのもとに、目先の利益を追うのではなく、顧客サービスのレベルアップの策を次々と打って不均衡を意図的に創出した点が、テコ的な心理適合にあたります。

つまり、ヤマト運輸の宅急便のここまでの40年弱は、これら5つの要因に対して、能動的に働きかけ、市場を創造してきた歴史でした。そのためには先行投資が大きくかかりましたが、それはむちゃな投資ではなく、サービスレベルが上がればビジネスは増えるという企図に基づくものでした。

むちゃな投資の多くは、特に競合の動きを読み切れない場合（競合も同様の投資を行って過当競争に陥る）に起こりがちですが、ヤマト運輸の場合は、競合が反撃しにくいような戦い方を仕掛けたので、需要の増加分を自社に取り込むことができたと言えます。

3 「ただ乗り」こそ真のシナジー——東レが実現した1＋1＝3

成功する戦略に必要な5つの適合のうち、資源、技術、心理が内的な要因です。ここでは資源適合を見てみましょう。

顧客、競争という外部要因に適合できたとしても、それを継続的なものにするには企業内部の要因とも適合しなければなりません。必要な経営資源を維持、獲得できるか、技術を望ましい形に進化できるか、などの課題があるのです。

経営資源とはヒト、モノ、カネと「見えざる資産」たる情報です。戦略の実行に必要な資源の確保は最低限の要件ですが、特にノウハウなど「見えざる資産」は自社で十分と思っていても実は不足していたということもありえます。

一方、自社で思う以上にあるが活用されていない場合もありえます。経営資源は利用しつくすという観点が重要です。

より高いレベルのテコ的な適合では、戦略を実行して得られた資源をさらに活用するというサイクルが考えられます。例えば、相乗効果（シナジー）とは、ある事業で獲得した資源を他事業がうまく「ただ乗り」している状態を指します。ただし、モノやカネという資源の場合、ある事業で空いた生産能力を他事業に回すことは相乗効果ではなく、相補効果と著者は呼んでいます。

真の相乗効果とは、「見えざる資産」を他事業に転用できる場合です。複数の既存事業がノウハウを共用していればこそ、1＋1＝3という関係が実現可能です。

この「ただ乗り」関係は、現在の事業と将来の事業でも成り立ちえます。これを著者はダイナミック・シナジーと呼んでいます。カシオ計算機は機械式計算機から電卓に展開し、そこで得た大規模集積回路（LSI）の設計ノウハウをテコに電子機器ビジネスに展開しました。現在は足りないかもしれない資源を戦略実行の過程で獲得し、増大させ、それをテコに新たな成長に進むというのが、ダイナミックな戦略的適合なのです。

［ケーススタディ］ 繊維を成長産業に再定義した東レ

『経営戦略の論理』が示す5つの戦略的適合のうち、資源適合の事例として別冊ケースブックで紹介されているのが、東レです。東レは繊維メーカーという基盤を重視したことによって、多様な先端技術への広がりを獲得することに成功した企業です。

東レはもともと、1926年に創業したレーヨン（人造絹糸）のメーカーですが、戦後は合成繊維への進出を図り、米国デュポンに特許料を払って1951年にナイロン繊維の事業化を果たしました。55年にはナイロン繊維の売り上げがレーヨンを上回るようになり、高分子化学の知識や生産技術が社内に蓄積されるようになりました。続いて、57年には英国ＩＣＩと提携してポリエステルの技術を導入し、さらにアクリルを加えて合成繊維の3分野を押さえました。

しかし、繊維の国内市場は飽和が予見されたため、いち早く海外輸出に展開を始め、さらに他分野への多角化も志向しました。実際、70年代には繊維事業が落ち込みを見せましたが、それを補う伸びを示したのが、プラスティック（樹脂事業とフィルム事業）でした。樹脂事業に関しては、ナイロン繊維で得た高分子化学の知識と生産技術、原材料調達の強みを生かしつつ、押出成型などの加工技術を外部から導入して用途開発を進め、顧客に提案しながら、市場を作り出したのです。フィルム事業に関しても、ポリエステル繊維と同時に導入したフィルム技術をベースに拡大し、のちにビデオテープや、液晶ディスプレー用光学フィルムなどに用途を拡大していきました。

70年代の繊維不況下にあっても、東レはフィルム事業の好調もあって堅調な業績でしたが、旭化成や帝人はむしろ脱繊維路線による多角化（医薬、食品、建材・住宅など）を推し進め、経常利益で東レを追い越しました。東レも85年の長期経営ビジョンで「非繊維比率60％への拡大」という脱繊維路線を掲げましたが、翌年以降の円高不況を受けて利益が低下し、繊維事業は56億円の赤字を出すまでに落ち込みました。

そのようななか、87年に就任した前田勝之助社長（当時）は、路線を大きく転換し、「繊維産業は成長産業」「繊維は東レの基幹事業」と再定義して経営改革に乗り出しました。ゴルフ場やホテルへの投資は中止し、国内工場の近代化投資を行って、繊維の多品種多様化に対応できる設備へと切り替えを行ったのです。

◆5人の社長が赤字に耐えた炭素繊維事業

繊維事業の改革に成功した東レは、「有機合成、高分子化学をベースにした総合化学会社」として、5つの戦略的事業分野を選択しました。それらは、電子材料、複合材料、医薬・ヘルスケア・ファインケミカル、情報・サービス、アプリケーション・イノベーション・ビジネス（不織布、高性能クリーナー）です。「東レの繊維事業は総売上の70％を占め、技術、生産ノウハウなどの貴重な経営資源を豊富に持っている。これを有効活用することこそ経営者のやるべきこと」と前田社長（当時）は語っています。

このときに選択された戦略的事業分野の代表例が、のちに大きな収益貢献を果たす炭素繊維事業ですが、榊原定征会長が「5人の社長が赤字に耐えた」と語るほど、多くの困難に直面し、研究開始から50年もかかって収益化した事業です。この分野には一時は欧米の大手化学会社なども多く参入しましたが、競争が厳しくなったためにほとんどが撤退し、東レと東邦テナックス、三菱レイヨンの3社で75％（PAN系炭素繊維の生産能力シェア）を占めています。

東レの炭素繊維の歴史は1967年にさかのぼります。重合過程で用いる添加剤HEN（ヒドロキシエチルアクリロニトリル）を合成することに成功し、これを用いて71年に世界で初めて炭素繊維を工業的に実用化しました。しかし、この当時は炭素繊維を用いる市場がまだなかったため、東レが自ら、釣り竿やゴルフクラブなどの用途を開発し、75年には航空機の二次構造材に採用されることになりました。その後に他社が参入して競争が激化しましたが、82年にフランスのエルフとペシネーとの合弁会社を設立（87年にエルフは合弁から撤退）、89年にはこの合弁会社を通じてエアバスの航空機の一次構造材に独占供給できるようになりました。90年にはボーイングB777の一次構造プリプレグにも採用されました。

その後、ボーイングとは2006〜21年の独占供給契約（総額60億ドル分）を結びましたが、2014年11月にその契約をさらに10年延長し、その10年の供給総額が1兆円を超えるということで大きな話題になりました。一方のエアバスとも、2010〜24年の長期供給基本契約を締結しており、炭素繊維は大きく売り上げに貢献することになりました。

◆ユニクロ、液晶、ハイブリッド車……繊維が生んだ「飯の種」

1990年代のバブル崩壊、97年のアジア通貨危機、2000年のITバブル崩壊などの困難な時期を経て、2002年に就任した榊原定征社長（当時）も、やはり「繊維は成長産業、繊維は中核産業」と位置付けて本社資源を繊維に投入する姿勢を明確にし、繊維事業を短期間で黒字に回復させました。「そもそも炭素繊維だって繊維です。フィルム、水処理、海水淡水化装置も元の技術は繊維。繊維は大変なハイテクだ。繊維から派生したいろいろな製品で今われわれは飯を食っているんです」と、2007年のインタビューに榊原社長（当時）は答えています。

衣料品向けの繊維において、この頃に取り組みが加速したのがファーストリテイリングのユニクロとの共同開発です。ユニクロとの取引は99年に東レがジャンパー向けの素材を提供したことに始まり、2000年には社内にユニクロとの取引を扱う専門部署「GO推進室（グローバル・オペレーション）」を設置しました。そして「ヒートテック」「シルキードライ」などのヒット商品を開発したのです。ヒートテックは素材調達から布地生産まで東レが担っているのですが、大量の供給を可能にする原料の調達力と、4種類の糸を均一に紡織する技術力を持つ東レでないと対応できなかったと言われています。

日本の衣料品市場自体は縮小しており、旭化成と三菱レイヨンはポリエステル長繊維の生産から撤退し、帝人も同事業の国内生産の撤退を発表しました。こうしたなか、ナイロン、ポリエステル、アクリルの三大合成繊維を国内で生産できるのは東レだけとなりました。

2010年に就任した日覺昭廣社長もまた「液晶パネル用フィルムも炭素繊維も水処理用の膜も、すべて繊維事業で培った技術が基になっている」「繊維事業で勝つには、他社にない新しい素材が不可欠。ユニクロとの共同開発で成功したヒートテックがいい例だ。こうした高機能素材の研究開発拠点として、国内に生産工場を維持する必要がある」と語っています。情報・通信・エレクトロニクスの分野では、ポリエステルフィルムをもとにして液晶ディスプレーの部材が使用されていますし、自動車分野では、ポリプロピレンフィルムをもとにしたハイブリッドカー向けのコンデンサフィルムでトップシェアを占めています。

繊維で培った技術と、調達、生産、開発などの経営資源、そして顧客とともに用途開発を推し進める成功パターン。逆説的ではありますが、繊維に依拠する強みがあったからこそ、今の「先端材料の東レ」が成り立っているのです。

◆用途開発を重視してストレッチをかけてきた東レ

『経営戦略の論理』では、5つの戦略的適合の観点から戦略を分析しています。ここで東レの事例を、その枠組みにあてはめてみましょう。

顧客適合に関しては、大口顧客と協働して新たな商品や用途を開発することが、東レの勝ちパターンの特徴の1つです。ニーズに受動的に対応するのではなく、ニーズを先取りするための共同開発を能動的に行っているのです。ボーイングやユニクロなどと最先端の素材を開発することは、「見えざる資産」の獲得にも大きく貢献しています。

競争適合に関しては、帝人や旭化成（炭素繊維においては欧米勢）が見切りをつけるほどの不採算事業にもあえて残り、ライバルの少なくなった市場で残存者利益を得ようとしています。

技術適合に関しては、繊維で得た技術やノウハウ（見えざる資産）を先端素材分野に応用するというパターンが、能動的な技術適合にあたります。そのためにあえて「繊維は中核産業」という発言を歴代トップがすることで意識的にメッセージを発信してきたと言えるでしょう。

心理適合に関しては、このような歴代トップのメッセージや、顧客との共同による用途開発による成功パターンがあったからこそ、炭素繊維などの困難なチャレンジに挑み続けられたと見ることができ、これがテコ的な心理適合にあたります。

資源適合に関しては、著者のいうダイナミック・シナジー（テコ的な資源適合の一種）にあてはまっています。繊維で培った技術（高分子化学や、生産加工の知識）や原材料調達力だけではなく、顧客企業とともに用途開発に注力するという組織文化があったために、衣料品だけでなく、情報・通信・エレクトロニクス、自動車、航空機といった業界における知識（見えざる資産）が社内に蓄積してきたと見ることができます。普通の素材メーカーであれば、自動車メーカーなどからの依頼を受けてから、当該素材を受け持つ部門が受動的に対応するところですが、東レの場合は従来型素材の時代からの協働を通じて、その用途に求められる機能は何かを理解していて、新素材の用途開発の提案も初期段階から能動的に行えるようになるわけです。

用途の側に軸足を置くということは、新たなニーズに対応する素材や技術を能動的に探索・開発せざるを得なくなることであり、ストレッチがかかります。逆に自社の素材の側に軸足を置いていると、その素材が適していると判明している用途へのバイアスがかかり、身の丈の成長にとどまってしまう危険性があります。このように、ストレッチがかかることで成長していくことが、著者のいう不均衡ダイナミズムと言えるでしょう。

4 アップルが作り出した「不均衡」——能力を超える成長を得るために

成功戦略に必要なのは受動的な適合だけではありません。本書では不均衡ダイナミズムという概念が提唱されています。

自社から働きかける能動的な適合、さらには「見えざる資産」を活用したテコ的な適合というようにより高レベルの適合が重要になります。

特に情報という「見えざる資産」は学習を通じて蓄積していきます。学習を行う主体は人間ですから、人を動かすための心理的働きかけも戦略成功のカギになります。

本書以前の戦略論では不均衡は矛盾であり、非合理と扱いがちでした。適合というテーマを掲げた本書が不均衡という結論に至るのはやや不思議かもしれません。

顧客適合では消費者調査を綿密にしても今のニーズに応えるだけで、その商品を市場に投入する頃には時代遅れになりがちです。しかし、宅急便サービスのように潜在ニーズや未知のニーズを「先取り」できれば、市場の創造になり、不均衡を作り出せます。

不均衡を作り出すことは競合との差別化につながります。そのためには事業運営の方法（ビジネスシステム）も他社が模倣しにくいものに設計しなくてはいけません。新たなビジネスシステムはそれ自体がまた不均衡を生む可能性があります。

アップルは携帯型音楽プレーヤー「ｉＰｏｄ」を出す際、音楽ダウンロードサービス「ｉＴｕｎｅｓ」を始めました。これはＣＤ販売企業との間に大きな不均衡を生み出し、競合する電子機器メーカーとも圧倒的な差別化を実現しました。

「カニは己の甲羅に似せて穴を掘る」と言いますが、身の丈に合った戦略だけでは成長できません。あえて能力以上の挑戦をし、不均衡を作り出していくというのが、著者のいう不均衡ダイナミズムです。

大企業にはカニの甲羅の力学が強く働きがちですが、それを打破することが新たな成長に求められているのです。

［ケーススタディ］既存市場の不均衡を自ら演出したアップル

『経営戦略の論理』が示している不均衡ダイナミズムの事例として別冊ケースブックで紹介されているのが、アップルです。アップルは1977年に法人設立し、84年にマッキントッシュというパソコンを発売してヒットさせましたが、それ以降も、ユニークな商品とサービスで新たな市場を切り開いてきました。

2001年10月、アップルはデジタル・オーディオ・プレーヤーのiPodを発表しました。これに先んじて同年1月にはiTunesという音楽再生管理ソフトウェアをリリースし、2003年4月にはiTunes Music Storeという音楽配信サービスを開始しました。以前はカセットテープやCD、MDなどのプレーヤーを携帯して音楽を聴くことが一般的でしたが、これをより小型化・大容量化し、使いやすくしたのがアップルのiPodとiTunesでした。

そのiPodが順調に成長を遂げていた2005年、アップルのCEO（最高経営責任者、当時）のスティーブ・ジョブズ氏は取締役会で、ある懸念を表明しました。デジタルカメラがカメラ付き携帯電話に押されているのと同様に、音楽プレーヤーも携帯電話に徹底的にやられてしまうのではないかと危惧したのです。同時にジョブズ氏は、携帯電話の使い勝手の悪さに不満を持っていました。出来の悪い音楽プレーヤーの市場にiPodが食い込めたように、出来の悪い携帯電話の市場にもアップルは十分に食い込めるのではないかと考えました。

アップルはマッキントッシュでパソコン市場のハードウェアとソフトウェアに大きな革新をもたらしましたし、ハードとソフトを融合させる技術や、先進的なデザイン、iTunesを通じたコンテンツ販売、アップルストアという店舗網、そして何より、多くのアップルファンという顧客層を擁しています。さらには「ジョブズ氏なら何か凄いことをやってくれるに違いない」という期待感も追い風になりえます。携帯電話市場を席巻できる可能性はありそうでした。

2007年1月、アップルは「タッチコントロール機能を持つワイド画面の携帯音楽プレーヤー」「革命的な携帯電話」「インターネット・コミュニケーション用の画期的な機器」という3つの革新的な新商品を発表しました。ただし、別々の製品としてではなく、iPhoneという1つの製品としてでした。

◆アップルの強みを持ち込んで「電話」の市場を一変

iPhoneが発売される以前にも、PDA(パーソナル・デジタル・アシスタント)と呼ばれる電子手帳式の機器は存在していました。タッチパネル式のインターフェースで、メールなどの送受信が可能で、不便ながらもインターネットのサイトが見られるというものです。アップル自身もかつてジョン・スカリーCEO時代の1992年にNewtonというPDAを出して失敗していました。日本ではドコモのiモード(99年発売)などがインターネットとメールの機能を備えていましたし、米国ではブラックベリー(99年発売)やパーム(96年発売)などがビジネスマンに利用されていました。

iPhoneが発表されてから約1年後の2008年第1四半期の米国スマートフォンのシェア(IDC調べ)は、ブラックベリー44・5%、パーム13・4%に対して、iPhoneは19・2%という上々の立ち上がりを見せました。この売れ行きに触発され、グーグルのOS(基本ソフト)であるアンドロイドを搭載したスマートフォンが2008年に投入されました。11年第4四半期のスマートフォンの世界シェアはアップルがトップで、サムスン、ノキア、ブラックベリーを上回り、携帯電話全体の世界シェアもノキア、サムスンに次ぐ第3位(約8%)に達しました。

ｉＰｈｏｎｅの登場以降、携帯電話は単なる電話ではなく、インターネットの閲覧やアプリの利用という、これまでパソコンが果たしてきた役割も担うようになりました。直感的な操作性（例えば、画面を早くスクロールさせたときに指を離してもしばらくは慣性で画面が動く）はアップルらしいユニークさですし、製品のデザインも同様にアップルらしく洗練されています。iTunes Music Storeは、音楽だけでなく映画やゲームなどもダウンロード可能になったので、２００６年にiTunes Storeに名称変更し、さらにｉＰｈｏｎｅ発売以降の２００８年にはアプリをダウンロードできるApp Storeが開設されました。

このように、ｉＰｈｏｎｅの成功には、アップルの持つ資産がかなり有効に転用されていることがわかります。日本の電機メーカーが、携帯電話の高機能化を目指して競争してきた「ガラパゴス・ケータイ」は、同じようなメーカー同士の同質的な競争でしたが、異質な経営資源を有するアップルが革新を引き起こしたことで、市場の様相は一変してしまったのです。

◆アップル流「自前主義」のすごみとは

もともと、パソコンメーカーとしてのアップルは、他社とは全く違うポジショニングを貫いてきた会社でした。他社がマイクロソフトのＯＳであるウィンドウズに依拠し、インテルのプロセッサを標準として互換性の極めて高い機種を次々と投入したのに対し、アップルは独自のプロセッサ、独自のＯＳ、独自のアプリケーション・ソフトウェア（のちにウィンドウズ系との互換性を持たせるように転換）で勝負しました。このために、ハードウェアとソフトウェアの融合技術という独自の「見えざる資産」を蓄積できましたし、それゆえのユニークな操作性を実現できたのです。この強みはそのままｉＰｈｏｎｅにも生かされています。

その一方で、製造に関しては、自前の工場は持っていません。例えば台湾の鴻海精密工業という世界第1位のＥＭＳ（エレクトロニクス・マニュファクチャリング・サービス）に生産を委託しているのですが、ＥＭＳ企業は他のメーカーの生産も請け負っており、メーカー各社の好不況（勝ち負け）に応じて生産ラインを融通できるので、仮にアップルの機器が大増産することになっても対応可能ですし、逆に減産になったとしてもアップルが固定費を大きく抱える必要はないのです。

設計に関してはアップルが完全にコントロールをしているので、ハードとソフトの融合技術に関しては完全にアップルの管理下にとどめられます。また、部材メーカーとの共同開発もアップルが行っており、例えば「ゴリラガラス」というiPhoneの画面のガラスはコーニングがもともと開発していたものをジョブズが半年で量産するように依頼して実現したものです。

アプリに関しては、アップル以外の開発者であっても、アップルの定める厳格なルールと審査に従えばApp Storeに出品できます。有料アプリの場合は、代金の3割をアップルがとり、7割を開発者がとるという取り決めを作りました。これによって、早期に多くのアプリが供給されるように仕向けたのです。グーグルのアンドロイドも同様の仕組みで追随しましたが、審査の厳格さはむしろ緩く、アップルのほうがセキュリティ上のコントロールがよく利いていると言われています。

このように、アップルは、重要な「見えざる資産」と自社が考えるハード・ソフトの設計技術、アプリの審査基準などは完全に自社の管理下に置いていますが、ハードの製造、アプリの開発に関しては、外部に大きく依存するという、ユニークな自前主義をとっています。

◆テコを最大限に使う「ダイナミック・シナジー」

本書『経営戦略の論理』では、5つの戦略的適合の観点から戦略を分析しています。アップルの事例もまた、その枠組みにあてはめてみましょう。

顧客適合に関しては、マッキントッシュ時代に一般ビジネスマン（ウィンドウズ・パソコンの利用者）をあえて追わず、デザインや操作性を重視する層に絞っていました。その層がｉＰｏｄに広がり、ｉＰｏｄの操作性を知っていた層が初期のｉＰｈｏｎｅユーザーになったと言えます。また、携帯電話という「社会性の高い」（クルマや腕時計のように、他人に見せびらかすことができる）商品は、先進ユーザーから一般ユーザーへという普及が期待しやすい特徴があります。

競争適合に関しては、独自路線を貫くことで、同質的競争を徹底的に避けてきたと言えます。他の電子機器メーカーの多くが過当競争に追い込まれたのとは対照的です。

技術適合に関しては、デザイン・設計、ハードとソフトの融合技術、アプリの審査などのノウハウ（見えざる資産）は自社の管理下に置いており、それをパソコン、音楽プレーヤー、携帯電話、タブレット（ｉＰａｄ）へと次々に転用してきました。

資源適合に関しては、ｉＴｕｎｅｓというダウンロードサービスや、アップルストアという専売の小売網を擁し、これもまたパソコン、音楽プレーヤー、携帯電話、タブレットへと活用してきました。

4　『経営戦略の論理〈第４版〉』伊丹敬之著

心理適合に関しては、スティーブ・ジョブズ氏というカリスマ経営者が、常に革新を巻き起こし、組織を引っ張ってきました。身の丈には決して安住せず、かといってむちゃな投資をするのでもなく、「見えざる資産」をうまく転用しながら、ストレッチをかけ続けてきたと言えます。

アップルもまた、著者のいうダイナミック・シナジー（テコ的な資源適合の一種）にあてはまっています。過去の戦略で蓄積された「見えざる資産」を、次世代の製品投入時にうまく転用してきたのです。一方、有形的な資産にはあまりこだわらず、製造はほぼ外部委託してきましたが、この点は「ものづくり」（すなわち自社系の工場）に強くこだわりを持つ日本メーカーとは対極的です。

ジョブズ氏は、（有形的な資産への）むちゃな投資はしませんでしたが、部下にむちゃな要求を多くしたことで知られています。不均衡をあえて作り出すことで、身の丈での安住を許さず、組織のダイナミズムを駆り立ててきたのです。ジョブズ氏亡き後のアップルが同じような成長パターンをとれるかどうかは、この点にかかっているのかもしれません。

5

『小倉昌男　経営学』

小倉昌男著

――知の探索で築き上げた宅急便ビジネス

入山章栄（早稲田大学ビジネススクール）

小倉昌男　経営学　日経 BP 社、1999 年／小倉昌男

1　学習を止めるな

ヤマト運輸で宅急便ビジネスを築き上げた名経営者、小倉昌男氏が自身の経験と教訓をまとめたこの本は、まさに『経営学』というタイトルにふさわしいものです。特に本書の神髄は「学習の経営学」にあります。

それを端的に表すのが第2章冒頭の「経営とは自分の頭で考えるもの」という言葉です。

小倉氏は「学習を止めない人」です。経営には絶対の正解はなく、それでも経営者は「決断」をしなくてはなりません。経営者は常に自分の頭で考え続ける必要があり、学習しなければならないのです。

本書からは小倉氏の3つの学習姿勢が読み取れます。それらは「学術的な」経営学の理論と見事に符合するのです。

第1はエクスプロレーション（知の探索）という理論です。新しい知見・アイデアは「既存の知」と「別の既存の知」の新しい組み合わせで生まれます。

しかし、人の認知には限界があり、近くの知だけを組み合わせがちです。よって新しいビジネスアイデアを出すには、自分とは一見関係ないことを幅広く探索し、学ぶことが有用です。

第2章では、小倉氏が様々なセミナーや講演に出席し、得た知見を試行錯誤しながらヤマトの経営に反映させていった様子が描かれています。例えば1976年、当時の通商産業省外郭団体の若い研究員の話に驚かされます。「製造業とサービス業ではビジネス根本発想を変えるべきだ」との主張でした。

製造業は一般に商圏が広く、在庫を抱えながら長期で売っていきます。サービス業は商圏が狭く、運輸業・ホテル業などは在庫を持てません。製造業のような大規模の少数拠点ではなく、小規模で多数拠点を持つことが重要という、真逆の発想が必要なのです。

当時は両者の違いなど議論されておらず、小倉氏はこの話から学びを得ました。結果として、今は全国に約23万店舗ある小商圏の取次店を中心とした、宅急便ビジネスの発想に行き着くのです。

［ケーススタディ］ 小倉氏はたとえ上手

ここからは、別の角度から小倉氏の「知の探索」を考察してみましょう。

私は「一般に知の探索力が高い人は、ものをたとえるのが上手」という特徴があると考えています。

知の探索とは、自分から離れた遠い知と、今自分が持っている知を組み合わせることです。知を探索する人は「自分の現在のビジネスが遠く離れた分野の言葉・ロジックではどう表現できるか」をよく考えます。

実際、この「例える力」すなわち類推思考（Analogical Thinking）が人・組織の創造性に欠かせないことは、経営学でも主張されています。

例えばスタンフォード大学のロバート・サットン教授らが1996年にAdministrative Science Quarterlyに発表した論文では、世界で最も創造的と言われる米デザイン会社ＩＤＥＯの事例分析から、同社が類推思考で数々の革新的なデザインを生み出してきたことを明らかにしています。

（これは私がＩＤＥＯの人から直接聞いた話ですが）、同社が病院の手術室のデザインをしたときは、なんと自動車レースのピットインを参考にしたのだそうです。

皆さんもテレビで見たことがあるかもしれません。自動車レースでは車がピットインすると、飛び出してきた数名のピットクルーが、一瞬のうちにタイヤを付け替えたり、ガソリン補給をしたりします。

医師・看護師など数名が役割分担をしながら、一瞬で作業する病院の手術に似ているのです。ＩＤＥＯのデザイナーたちは、この類推から新しい手術室のデザインを生み出したのです。

◆永守流のM&Aはイチロー風

本書を読むと、小倉昌男氏もまた「たとえ・類推の名人」であることがうかがえます。例えば、小倉氏は自社の宅急便ビジネスの営業活動を行う配達員には「寿司屋の職人であってほしい」と述べます。

寿司屋は、①朝、魚河岸で仕入れ、②魚を必要な形にさばき、③お客が来ればネタの説明をし、④世間話をしてお客の機嫌をうかがいながらセールストークをして、⑤お客の満足度を高めてリピート客を増やす――のが、成功の要件です。

同様に配達員も、①送り主の家や取次店に出向いてモノを受け取り、②それらを必要な形に梱包し、③自社サービスや発注方法などをお客に説明し、④世間話をしながらセールストークをして、⑤満足度を高めてリピート率をあげる――必要があるからです。両者に求められるものはよく似ている、と言うのです。

ちなみに小倉氏は配達員を、サッカーのフォワードの選手にも例えています。いくら中盤や守備の選手が頑張っても、試合を決めるのは点をとるべきフォワードです。フォワードには、とっさにシュートを打つか打たないかの判断力が求められます。

これはお客さんと相対して「受注を決める」最前線にいて、しかもとっさの機敏な判断が求められる配達員の要件そのものです。

私は「たとえ話をすれば名経営者になれる」と言いたいのではありません。経営者に必要なのは「知の探索」を続ける態度であり、その結果として「たとえ話がうまい人」になるのでしょう。

他にも、例えば日本電産の名経営者である永守重信氏も、自社のM&A（合併・買収）戦略を「小さな会社をコツコツ買って成功させる」という意味で、野球のイチロー選手の打法に例えています。やはり知の探索ができる名経営者は、例え話が上手になるもののようです。

2 「吉野家」で知の探索——異業種からヒント

経営学の「知の探索」理論と合致する小倉昌男氏の学習姿勢は、同氏が異業種から学び、知見を自社経営に応用してきたことにも表れています。知の探索とは、自分から離れた遠くの知を探索し、それを今自分の持つ知と「新しく組み合わせる」ことです。ヤマト運輸であれば、運輸業以外からの知見のほうが新しいビジネスのヒントは得られやすいのです。

小倉氏が宅配便ビジネスに乗り出したのは2つの異業種からの学びが契機になっていると、本書では明かされています。

第1は牛丼の吉野家です。

戦後のヤマト運輸は近距離輸送に加えて、長距離輸送、百貨店の配送業務請負など、事業の多角化を進めました。しかし徐々に行き詰まり、1970年代初頭から収益が悪化します。そこで当時郵便局が独占していた個人向け小口輸送分野への参入を検討します。

ちょうどその頃、吉野家がメニューを牛丼だけに絞る「牛丼一筋」の戦略をとったことで、かえって高収益をあげていることを知ります。ヤマト運輸も個人向け宅配事業に絞り込むべきではないか、と考えたのです。

もう1つは日本航空の「ジャルパック」です。旅行は人によって行きたい場所も、タイミングも違います。顧客ごとにコストも手間もかかり、庶民には高嶺の花。それがジャルパックのようにパッケージツアーとして商品化されたことで手が届くようになり、市場が一気に拡大したのです。

小倉氏はこの発想も宅配便に応用できると着想しました。個人向け宅配便も「送り先もタイミングも、顧客ごとにバラバラ」だからです。宅配便ビジネスでも「買いやすさ」が消費者に認知されれば、大きい市場になると確信したのです。

このように個人向け宅配ビジネスが牛丼と旅行サービスからヒントを得て生まれたのは一見興味深いことですが、経営学の「知の探索」理論と極めて整合的なのです。

[ケーススタディ] トヨタとツタヤ——異業種をヒントにビジネスモデル構築

小倉氏のように、異業種から学ぶ「知の探索」によって新しいビジネスのヒントを思いつく例は、枚挙にいとまがありません。ここでは、なかでも興味深い2つの例を取り上げましょう。

第1はあのトヨタ生産システムです。

これは有名な話なので、ご存じの方もいらっしゃるかもしれません。トヨタ生産システムの「かんばん方式」を考案したのは、トヨタ自動車工業（現トヨタ自動車）の大野耐一氏です。大野氏がかんばん方式を着想したのは、同氏が米国のスーパーマーケットの商材と情報の流れの仕組みを知ったときだと言われています。

それまでの自動車生産は、先に生産計画を立て、部品から順番にものを作っていき、最後に部品の分だけ完成車を組み立てるという方式をとっていました。しかしこの方式では、仮に需要が計画通り伸びなかったときに、大量の部品が在庫として残ってしまいます。ムダが発生するのです。

スーパーマーケットでは、顧客の必要とする商品を、必要なときに必要な量だけ在庫し、いつ何を買いにきてもよい品ぞろえをします。すなわち情報と意思決定の流れが「調達→品ぞろえ」ではなく、「顧客ニーズにあった品ぞろえ→必要なだけの調達」なのです。

大野氏はこの考えを自動車生産に応用しました。すなわち「生産計画→部品生産→組み立て→品ぞろえ」という決定の流れではなく、「顧客ニーズにあった品ぞろえ→自動車組み立て→部品調達→部品生産」という流れです。これにより、部品在庫が大量に発生するムダがなくなったのです。

◆1日に25％の「利息」

第2の例は、「ＴＳＵＴＡＹＡ」で知られるカルチュア・コンビニエンス・クラブ（ＣＣＣ）です。

同社の創業者である増田宗昭氏が１９８０年代にＣＤレンタルやビデオ（後にＤＶＤ）のレンタル事業を始めたときに、その収益性に確信を持ったのは、金融業のビジネスモデルを見たからだ、と言われています。

例えばＣＤレンタルであれば、その仕入れ金額は一枚６００円くらいです。それを１泊２日１５０円で貸すのであれば、すなわち1日25％（＝１５０円÷６００円）という利息を稼いでいるのと同義ということになります。

金融業ですら「トイチ（10日で1割の金利）の高利貸し」と言われるのですから、１日25％というレンタル料を利息率と考えれば、これがいかに高いかがわかるというものです。

従って、「仮に年9％程度の金利で資金調達しても、このビジネスは成立する」と増田氏は考えたのです。その後、同氏がＴＳＵＴＡＹＡを大量出店し、ＣＤ・ＤＶＤレンタル時代の寵児《ちょうじ》となるのはご存じの通りです。

このように、異業種に学ぶというのは、ある意味新しいビジネスを着想する際の基本とすら言えるかもしれません。そしてそれは経営学では、知の探索（エクスプロレーション）理論として説明できるのです（以上の、CCCの事例については、井上達彦著『模倣の経営学』（日経ビジネス人文庫）を一部参考にしています）。

3　組合から顧客の声——他者の視点に立つ「プロソーシャル」

小倉昌男氏の第2の学習姿勢は「顧客から学ぶ・現場から学ぶ」ことです。この姿勢はすべてのビジネスで重要です。さらに小倉氏の特徴は「相手の立場にたって考える」ことでこの学習姿勢を高めていることだ、と私は考えます。

経営学では近年「プロソーシャル」という考え方が注目されています。そこでは「相手の立場にたって考える人のほうが、クリエイティブな成果を生み出しやすい」とされています。

クリエイティブな成果には「新奇なこと」「有用なこと」という2つの条件があります。

特に2つ目は重要です。新奇なだけで何の役にも立たなければ、クリエイティブとは言えません。どうすれば新奇なアイデアが「相手の役に立つか」を考える必要があります。

本書では、小倉氏のプロソーシャルな側面が多く描かれています。例えば宅急便サービスを始めた当初、翌日配送をうたっているのに、荷物が届かない率が1割を超えたことがありました。当時の宅配便は午前中に届けるのが通例でしたが、その時間帯は各家庭が留守にしがちで、さらにその翌日まで待たざるを得なかったのです。

ここで小倉氏が考えたのは荷物を受け取る側の立場です。受け取る側からすると、午前中、30分だけたまたま買い物に出て残りは在宅していたのかもしれません。その間に宅配業者が来て荷物が受け取れないのなら、それはサービスへの不信感を生むだけです。

そこで小倉氏は「在宅時配達」を徹底する方向に舵《かじ》を切ります。すなわち、午前中に受取人が不在なら午後に再度訪問し、それでも不在ならその日の夜に届ける、ということです。結果として同社顧客の宅急便への満足度は高まっていきます。

プロソーシャルの姿勢を持つ小倉氏は、クリエイティブな成果を出しながら、同社のサービスの質をどんどん向上させていったのです。

［ケーススタディ］労使協調を模索

先にも述べたように、プロソーシャルのような「他者の視点に立つ心理」は近年の経営学で注目されています。例えば、米ペンシルベニア大学の若手経営学者のアダム・グランド教授が2011年に『アカデミー・オブ・マネジメント・ジャーナル』に発表した研究では、複数の統計分析を用いた研究から、やはりプロソーシャルな人のほうが創造的な成果を高めやすい、という結果を得ています。

ここからは、小倉氏の「現場から学ぶ」姿勢を象徴する、もう1つの興味深い事例を紹介しましょう。それは労働組合との関係です。

言うまでもなく、企業の経営陣と労働組合の関係というのは、一般的に良好ではありません。互いの立場の違いから双方が不信感を持ち、結果として両者の情報共有も進みません。

それに対して小倉氏は労使の協調路線を模索します。とはいっても、それは単なる掛け声ではありません。小倉氏は「組合の人たちが本当に求めているものは何か」「自分が何をすれば、組合の人たちは喜んでくれるのだろうか」という、相手の立場にたって考えたのです。まさにプロソーシャルの姿勢です。

結果として小倉氏は、以下の2つの抜本的な対応をします。

まず1972年、抜本的に人事システムを改正し、それまで分かれていた事務職と労務職を一本化しました。従来は、いわゆるホワイトカラーである事務職は出世すると管理職になっていきます。その中に組合の幹部になりたがる人はいません。

逆にブルーカラーである労務職の人たちにとっては、労働組合の幹部になることが出世でした。組合幹部の中には、ホワイトカラー管理職より優秀な人もいたようです。そこで事務職と労務職の人事制度を一本化して、全員を「社員」とすることで、ブルーカラーにも社内で出世する道を開き、社内での発言力を高める仕組みを作ったのです。

◆組合幹部が顧客情報

さらに注目すべきは、1973年のオイルショック時です。かつてない不況に当時のヤマト運輸もさらされましたが、組合員の削減を一切しない方針をとります。代わりに組合幹部と話し合って、全員の一部賃金カットで乗り切ろうとしたのです。「人を絶対に切らない」というこの施策は、特に組合から感謝されたようです。

これらを契機として、小倉氏は組合との信頼関係を強めていきます。結果として、組合から「生きた現場の情報」が届くようになりました。「現場から学べる」ようになったのです。

一般に大きな組織では、トップは現場の細かいところにまで目が届きません。さらに現場の情報、特に顧客クレームなどのネガティブなものは「悪い情報を上げたくない」という中間管理職により、トップまでは届きにくくなります。トップは現場から学びたくても、学べなくなるのです。

しかし、プロソーシャルな姿勢により組合との信頼を築いた小倉氏は、現場の情報を中間管理職からではなく、組合から得るようになったのです。

本書では、これを象徴するエピソードがつづられています。96年、小倉氏はある組合幹部から呼び止められ、「現場の配達員の多くが、お客から（当時ヤマト運輸が唯一営業を行っていなかった）大みそかと元日・2日にも営業してほしい、という要望をもらっている」と聞きます。まさに現場からの生の声です。

そこで大みそかと元日・2日も営業することを決断し、年中無休の営業体制となるのです。しかもこれは組合幹部経由で届いた現場の声ですから、組合や現場が反対するはずがありません。

このように、現場の声をすくいあげ、現場から学習する組織を小倉氏が地道に築いてきたことが、ヤマト運輸の今日の成功につながっているのです。そしてそこには、「相手が何を求めているかを考える」小倉氏のプロソーシャルな学習姿勢があるのです。

4　失敗はやはり「成功の母」——知の探索のきっかけに

小倉昌男氏の第3の学習姿勢は「失敗から学ぶ」ことです。本書では、自身や周囲の失敗から教訓を得て糧とする場面が多く示されます。

人・組織は、成功と失敗のどちらから学習できるのでしょうか。これは経営学の重要な研究対象であり、まだ確かな答えはありません。しかし近年の研究から「成功よりも、失敗からのほうがより学べる」可能性が示されています。これを説明するのも、第1節で登場した「知の探索」理論です。

人には自分の認識の範囲（＝世界観）があります。しかし自分の見ている世界が本当に「現実の世界」を正しく映しているかはわかりません。そこで「知の探索」をすることで、世界観を広げる必要があります。

しかし、成功を重ねると、「自分の世界観は本当の世界を映している、だから自分は成功したのだ」と考えがちです。結果として知の探索が怠りがちになります。失敗すると「自分が見ていた世界は現実を映していないかもしれない」と考え、さらに知の探索をするようになり、長い目で見て成功するのです。

興味深い事例が、第1章で語られるヤマト運輸の失敗です。昌男氏の父・康臣氏が創業した同社は戦前、関東ローカル一円のトラック輸送で日本一と呼ぶにふさわしい運送会社でした。戦後、鉄道輸送中心だった長距離輸送にトラック業者が進出し、市場が成長します。

しかし、成功体験から「トラックの守備範囲は100キロメートル以内」という世界観を変えられなかった康臣氏により、長距離輸送の進出に遅れ、進出時には、同業他社が市場を独占していました。

この経験を「失敗」と認識した昌男氏はその後も知の探索を進めます。私は昌男氏の最大の強みは「失敗を失敗と認めること」にあると考えます。「悪い部分は悪い」と認めるからこそ、いつまでも知の探索を止めなかったのでしょう。

[ケーススタディ] ロケット打ち上げに見る成功と失敗

ここからは、失敗経験と成功経験のどちらが長い目で見て成功につながるかについて、興味深い研究事例を紹介しましょう。

それは米ブリガム・ヤング大学のピーター・マドセンと米コロラド大学デンバー校のヴィニット・デサイが、世界最高峰の経営学術誌の1つである『アカデミー・オブ・マネジメント・ジャーナル』（AMJ）に2010年に発表した論文です。

この研究で対象となったのは、宇宙軌道衛星ロケットの打ち上げの成功経験・失敗経験です。

マドセン＝デサイは、1957年から2004年までに世界9カ国の30の打ち上げ機関で行われた軌道衛星ロケット打ち上げ4646回を分析対象にしました。彼らは各打ち上げ機関が新しくロケットを打ち上げるまでに経験した「打ち上げ成功」と「打ち上げ失敗」の数を集計しました。そして、それら「成功経験の数・失敗経験の数」と、その後に各機関が「新しい打ち上げ」が成功する確率との関係を統計分析したのです。

その結果、まず、①成功経験も失敗経験も「その後の成功」確率を上げることがわかりました。成功しようが失敗しようが、とにかく経験はプラス、ということです。

しかし同時に、②成功経験と失敗経験の効果の強さを比べると、その後の成功をより高めるのは、失敗経験のほうであることも明らかにしたのです。

彼らの分析結果では、成功経験と失敗経験のその後のパフォーマンス向上効果（回帰分析の係数で見た失敗減少の確率）を見ると、前者はマイナス0・02なのに後者はマイナス0・08で、後者のほうが影響力が強くなっています。先ほどの「知の探索」理論が予言する通りなのです。

さらに興味深いのは、第3の結果です。①で述べたように、一般に成功体験はその後の成功によい効果をもたらすのですが、マドセン＝デサイは、③しかし「失敗経験が乏しいまま、成功だけを重ねてしまうと、むしろその後は失敗確率の方が高まって行く」ことも明らかにしたのです。

この最後の結果を私なりに解釈すれば、これは「成功体験と失敗体験には、望ましい順序がある」ことを示しています。

すなわち「失敗をほとんどしないまま、成功だけ積み重ねる」と、知の探索が十分でないまま成功してしまうので、さらなる探索が不十分となり、結果、長い目で見た成功確率が下がるのです。

日本でもよく、若くして（失敗経験の乏しいまま）成功した起業家やベンチャー企業が、その後長期低迷する事例があります。それはまさにこのパターンにあてはまります。

逆に、長い目で成功確率を上げられるのは、「最初は失敗経験を積み重ねて、それから成功体験を重ねていくパターン」ということになるのです。

このように考えると、本書『経営学』に見る小倉氏の半生も、非常に興味深いものがあります。

◆20代の大きな挫折を糧に

第1章にあるように、小倉氏は大学を出て父・康臣氏が経営する当時のヤマト運輸に入社してから、すぐに結核にかかってしまいます。結果、入院と自宅療養に、のべ4年半を費やすことになりました。

仕事に復帰したのは20代も終わろうというときです。伸び盛りの20代の4年半を棒に振ってしまったのは、病気というやむを得ない事態とはいえ、小倉氏にとっては大きな挫折・失敗のようなものだったかもしれません。

1956年にヤマト運輸に復帰した小倉氏は、同社が長距離トラックに進出せず、競合他社に大きく後れをとっていることを知ります。60年にようやく参入したときにはすでに手遅れで、主要顧客はすべてライバルに押さえられていました。

このように小倉氏は、若い時代に多くの手痛い失敗を経験しています。しかしだからこそ、その後も継続して「知の探索を怠らない」姿勢が生まれたのかもしれません。だとすれば、それはまさにマドセン＝デサイの研究結果と同じなのです。

こう考えると、小倉氏の半生からも、経営学の知見からも、「若いうちの苦労は買ってでもせよ」という格言は、あながち間違いではないということになるのです。

6

『会社は頭から腐る』

冨山和彦著

——企業再生の経験と日本企業の病理

大海太郎

（ウイリス・タワーズワトソン・グループ）

会社は頭から腐る——あなたの会社のよりよい未来のために「再生の修羅場からの提言」ダイヤモンド社、2007年／冨山和彦

1　大企業「病理」の処方箋——内部調整ばかりの組織

『会社は頭から腐る』は2007年に書かれました。タイトルは刺激的ですが、内容はバブル崩壊後、低迷していた日本企業が復活するための的確な処方箋となっています。それから10年近く経過していますが、日本企業に対する本書の提言は、企業の不祥事が相次ぎ、コーポレートガバナンスが取り沙汰されている時にこそ、読んでいただきたい1冊です。

経営は集団としての人間を1つの事業目的に向けて有機的に結合させ、機能させることで成り立っていきます。どんな人にも働く目的や欲求などのインセンティブがありますので、これを組織の方向と一致させることが鍵となります。同じ方向を向いて進む組織の力は、個々人の能力の違いなどを超越してしまうようなパワーを生み出すのです。

日本企業、特に大企業で顕著ですが、このインセンティブと組織の方向性が一致していないケースが多く見られます。多くの企業で意思決定や仕事の遂行にあまりにも多くの人間が関わる仕組みになっています。結果的に、企業としてどう利益を生み出すかよりも、いかに内部の調整をうまく進めるかしか考えなくなってしまいます。

個人でリスクをとって仕事に成功したとしても、巨額のボーナスをもらえるわけでもなく、社長への道が約束されるわけでもありません。逆に失敗すれば相当の罰点になり、それが一生つきまとうことになってしまいます。このような仕組みのもとでは、優秀なサラリーマンほど組織力学のマネジメントに知恵とエネルギーを使うのです。

組織として目指す方向に社員全員が向かうには、社員それぞれの腹に落ちるようなコミュニケーションが重要です。経営が送り出すメッセージに、ただちに心から反応し、動機づけられて行動する人間は多くありません。難しい制度論や戦略論をいじくりまわすことよりも具体的な人事一発の方が人々の心に桁違いのインパクトを与えるのが現実の経営なのです。

［ケーススタディ］大企業病の典型から変われるか

A社は、1980年代後半のバブル期に絶頂を迎えていた大手ハイテクメーカーです。当時は売り上げ、利益ともに右肩上がりでした。社員も士気高く、仕事に励んでいて、さらなる成長を目指して会社は多額の投資を行って本業をさらに強化するとともに、多角化を進め、新規事業を始めたり、異なる分野の会社を買収したりしていました。誰もがA社の繁栄はいつまでも続くものと疑いもしなかったのです。

ただし、営業部の課長だったB氏はふと疑問に思うことがありました。売り上げ、利益ともに伸びていたものの、自己資本利益率（ROE）や総資産利益率（ROA）などの効率性を示す指標は横ばいないしは低下傾向にあったのです。また、社内では「企画部」や「××推進本部」といった直接ビジネスに携わらない部署が増え、「担当部長」や「特命室長」といった肩書の社員が増えていました。

当時、B氏を含む社員の誰もが熱心に朝早くから夜遅くまで働いていました。管理職でなければ、その分、残業手当もつくので、社員としてもむしろ率先して長時間働いていました。ただB氏が課を挙げて新規に数億円の大口の案件を獲得した際には、特にボーナスが大きく増えたわけでもなく、昇進に直結したわけでもありませんでした。

部長にその旨を尋ねてみると、「会社は長期に物事を見ている。大口案件を獲得してもボーナスは増えないが、そのぶん実績が不調だった期でもボーナスを大幅に減らすことはしない」とのことでした。B氏はそれではたして皆、頑張るのだろうかと思いましたが、当時は日本の長期的経営が日本企業の成功の秘密と言われていて、現実に会社としてはうまくいっていたので、反論することもできませんでした。

また仕事の中身として、いわゆる内部調整に費やす労力や時間が一段と増えていました。

会議の数は増え、同じようなメンバーが日中、何度か会議で席を共にすることも珍しくありませんでした。20人以上出席するような会議も数多くあったのですが、そのような会議で発言するのは事務方の担当者と最後に一言話す部長以外はせいぜい1人か2人というケースも少なくありませんでした。他の大勢の出席者はじっと話を聞いているだけであればまだいいほうで、ほとんど居眠りしている人もいたのです。そのような場で決まって盛り上がるのは間近に迫った人事異動で誰がどこに行くかという噂話でした。

◆個人と組織の方向性を一致させるには

A社のようなケースは残念ながら、過去に日本の大企業によく見られた状況です。このような状態に陥らないようにするにはどうすべきなのでしょうか。

1つのやり方は、個人と組織の方向性が否が応でも一致するぐらいに小さい単位に組織を分けてしまうことです。これはまさに名経営者と言われる稲盛和夫氏の『アメーバ経営』です。詳細は稲盛氏の著書である『アメーバ経営』(日経ビジネス人文庫)や他に多数出版されている関連書を読んでいただければと思いますが、簡単に説明すると、大きくなった組織を「アメーバ」と呼ばれる小さな集団に分けて独立採算制を導入することで、社員一人ひとりが採算を考えて、いかに自分の「アメーバ」が利益を上げるかに全力投球するようにします。すべてのアメーバの合計が組織全体ということになりますので、社員が全員、組織のために利益を上げるという同じ方向を向いて仕事をすることになります。

大組織の問題点は、個人の成果や失敗が組織に与える影響をわかりにくくすることです。真面目で勤勉な日本人は一般的によく働きますが、どこかで、「と言っても、自分が失敗しても会社がつぶれるわけではないし」という思いを無意識に抱えがちです。ベンチャー企業や中小企業の「今期、自分がこれだけ稼がなければ会社が存続できないかもしれない」という切実さに比べると、最後の最後の部分で真剣味が足りないと言わざるを得ません。また、自分が必死にやっていることがそもそも会社の方向性と異なるということにも気づきにくくなります。結果として、全員が頑張っているようで、どこか究極の真剣味に欠け、場合によってはそもそも無駄な努力や不必要なことをやってしまっているということになりがちです。

冨山氏が本書を執筆したのは、産業再生機構の最高執行責任者（COO）として41社の支援決定に携わっていた時期の直後です。それまでも、世界的なコンサルティング会社や自ら設立に加わったコンサルティング会社において、日本企業のコンサルティングや企業再生を行っていましたが、カネボウや三井鉱山（現日本コークス工業）をはじめとする産業再生機構での企業再生の経験を通じ、日本企業に共通する「病理」を目の当たりにし、その問題の本質を痛感したのでしょう。本書を通じて冨山氏が訴えているのは、優秀で真面目な日本人が勤勉に働く「一流の現場」を有する多くの日本の大企業が「三流の経営」によって苦境に陥ってしまうのはなぜなのか、これを防ぐにはどうすべきかということです。

2 変わるインセンティブ――リスクをとり新しいことをやる力

日本では終身雇用、年功序列といった仕組みが高度成長期と非常にうまくマッチし、無用な軋轢《あつれき》を排除して安心感を持って仕事ができるという、極めて安定した階層構造が出来上がりました。日本は当時の時代と社会に完璧なまでに適応した合理的なシステムを発展させてきたのです。

その後、高度成長期が終わり低成長時代を迎えるなかで、高齢化が急速に進展するなどの変化が起こります。これだけシステムの前提が変わってしまったら、システムもそのままでは機能しないのは自明ですが、過剰適応されたシステムなだけに変更がままならなかったことが、「失われた20年」の苦境の原因でした。

よい学校に入ってよい会社に就職すれば一生安泰でいられると信じて、多くの人は受験勉強にいそしみ一流の大企業に入りました。残念ながら、それは多くの場合、幻想にすぎなかったのですが、実際に中にいる人がその幻想を自ら打ち破ることは大変なことです。

むしろ、せっかく獲得した地位を何とか守って「また日本経済が良くなれば、以前のようにうまくいくはずだ」とどこかで期待して「待ち」の状態に入ってしまう方が自然ではないでしょうか。

このことが日本企業の不祥事の遠因になっていると冨山氏は言います。アングロサクソンの「利害社会」に対して、日本は「ムラ（村）社会」です。ムラ社会では構成員のインセンティブは共同体の現状の維持にあり、変革をせず、現実を見なくなります。構成員の必死の頑張りは、正しくない方向に事態を進めてしまうことがあるのです。

過去に大成功した「高度成長期の日本モデル」では新しいことに挑戦するインセンティブが弱くなります。より成功して上位にいる人ほど、何かを変えるインセンティブは乏しくなってしまっています。結果として日本企業がリスクテークをして利益を上げたり、成長したりすることができてこなかったのです。

［ケーススタディ］関心が内部に向かう日本企業の社員

1990年代後半に入って、ハイテクメーカー大手A社の営業部に勤務するB課長の部署に、その頃、急速に普及しだしたパソコン関連の新興企業から業務提携の話が持ち込まれました。伸びている分野でしたし、非常に有望なビジネスの話だと思ったB氏は、A社の新しい収益源になると確信して提携実現のために動き出しました。

最終的に稟議《りんぎ》にハンコを押してもらう必要があるのは何人か確認したところ、8人でした。その8人にあらかじめ根回しをすべく、まず同僚の課長3人に相談して支持を取りつけてから、副部長2人、部長、本部長にそれぞれ説明に行き、了承を得ました。最後に担当役員に説明に行ったところ「やめた方がいいんじゃないか。最近までは部署も会社もまずまずうまく行っているし、無理して新しいことをやる必要もないだろう。この提携を進めるとC専務に文句を言われる可能性が高いし」と言われて、この話は立ち消えになってしまいました。

バブル崩壊後、急速に業績が悪化したA社は2000年代に入って、B氏の部門をD社の同じ分野の部門と合併させて新会社Eとして独立させることにしました。B氏は担当部長になっていて統合委員会のメンバーに指名されました。B氏は苦境に陥っていたビジネスを立ち直らせる絶好の機会になると張り切って、新会社Eにおける顧客開拓や旧A社と旧D社によるそれぞれの顧客に対するクロスセル、新製品に関するアイデアなどを持って、合併関連の第1回打ち合わせに出席しました。

しかし、その打ち合わせで出た議題は組織図をどうするか、各部署の長は誰にするのか、といった内容に終始しました。釈然としない気持ちで会社に戻ったB氏に同僚や部下は興味津々で「それで社長はどちらの会社から出るのか？　うちの部署の部長は当然こちらの会社の人がなるのか」と聞いてきました。B氏ははたしてこれで新しい統合会社は成功するのだろうか、と懸念が募るばかりでした。

◆社員のインセンティブを変える

しかし、B氏の懸念をよそに新会社Eの社長には、関連業界において日本に新たに進出した外資系企業のビジネスをゼロから立ち上げ、業界有数の会社に育てた実績を持つF氏が招聘《しょうへい》されました。F氏が社長に就任するまでは、統合委員会で事業や組織の継続性のために部長と副部長はそれぞれ異なる出身母体からの組み合わせにするといった合意がなされていましたが、F社長はいくつかの重点分野ではそのような合意を全く無視した人事を実施したり、場合によっては外部から中途採用したりして重要なポストにつけました。

外部から招聘されたF氏の社長就任とその後の人事を見て、それまでどのポストやどの事業はどちらの会社が取る、取らないといった内部抗争に明け暮れていた旧A社、旧D社の社員とも、「これはどうも様子が違う。内部で椅子争いをしている場合ではない」と目の色が変わってきました。

F社長は着任後すぐに、順番に社員と面談を開始していました。その面談の際にB氏はかねて考えていた新会社Eにおける営業のアイデアをF社長に説明すると、「それは面白そうですね。ぜひやってみてください」といきなり担当チームの責任者として発令されました。A社では考えられなかったスピードの展開に、B氏は張り切って自らのアイデアの実現に取り組んだことは言うまでもありません。

ただし、現実は甘くなく、B氏の試みは1年経っても成果を上げられませんでした。2年目も満足がいく結果が出なかったところ、B氏は閑職に異動となってしまいました。ただ、異動の発令の際に、F社長からは「これにめげずにぜひまた次の新しいアイデアを出してください」と言われたのにB氏は驚きました。

A社では、一度仕事上の失敗をすると挽回のチャンスはないものとされ、あとは生活のために意に染まない業務を定年まで続けることになるというイメージがあったからです。確かにE社の周囲の同僚を見渡しても、いつの間にかA社時代とはずいぶんと違う様子で、常に何か新しいことはできないかと考えながら働くムードになっていることにB氏は気づきました。

3　トップを選び、クビを切る――新陳代謝が必要に

企業再生にあたって重要なのは事業やそれを支える人材の再生であって、会社そのものの救済ではありません。前述したように日本では変革を回避して現状を維持しようという力が強く働きます。なぜなら、日本では一度道を外れたら復活できないイメージがあるためです。そのため日本の企業も人もなかなか負けを認めたがりません。

そうして何とかそのまま存続しようとするのでゾンビ企業が多数出現してしまいます。ゾンビ企業には人材や技術が閉じ込められたまま、じわじわと沈没していくことになるのです。すなわち、日本では企業も人材も新陳代謝が決定的に不足しているのです。

それでは、いかに変革をして新陳代謝を実現するか。1つには破綻からの企業再生や合併・買収のような非日常的な状況に伴う危機感を最大限に活用して非連続的な変化を起こす

ことです。

もう1つは外部規律が働く仕組みを整えることです。前節で、日本企業がいかに高度成長期に過剰適応したシステムを完成させたかについて述べましたが、外部規律が働きにくい仕組みも同時に作り上げています。サラリーマン社長でいつまでも居座るような人が存在するのは、それを可能にする仕組みになっているからです。つまり、ガバナンスがないのです。

現在、注目を浴びているコーポレートガバナンスの重要性について、当時から本書では指摘しています。ガバナンスに関して最も重要なテーマは、企業のトップの指名と罷免にあると冨山氏は言い切っています。

いかにトップを選び、どのように裁量権を与え、どのようなときにクビを切るか、という点に統治機構の良しあしは集約されます。そして、企業が掲げる理念や哲学とそれらを実現する手段としてのガバナンスが整合的にそろって機能することが、急速に変化する経済環境の中で会社を腐らせずに持続的に発展させる条件となるのです。

［ケーススタディ］ガバナンスの整備

日本のハイテク大手企業2社、A社とD社の部門を統合して発足した新会社Eの社長に外部から招聘されて就任したF氏は、出身母体にとらわれることなく主要人事を決定し、新会社のビジネスにベストだと思われる新体制をつくりました。

社内には「どうやら新会社はA社ともD社とも違うカルチャーになるようだ」という雰囲気が当初から行き渡りました。勝手が違うことから、緊張する社員や場合によっては不満を持つ社員もいる一方で、多くの社員はこれから自分たちが新しい会社でビジネスを形作っていくのだという高揚感を感じながら、それぞれの業務に取り組んでいました。

F社長は次にガバナンスの整備に着手しました。E社発足当初は、F氏以外は旧A社と旧D社出身の同数の取締役から取締役会は構成されていました。F氏はまず、株主代表としてA社とD社から受け入れる取締役は1人ずつのみとしました。それ以外の内部の取締役は自分一人として新たに外部から独立の社外取締役を4人受け入れて、社外取締役が過半数を占めるようにしました。

4人のバックグラウンドは多彩で、グローバルな業界経験が豊富な人、合併会社を経営したことがある元経営者、M&A（合併・買収）のスペシャリスト、内外の企業に対するアドバイスをしてきている元コンサルタント、といった具合です。

同時に指名委員会と報酬委員会を立ち上げ、自分を含む経営陣の実績に対する評価と処遇を外部に委ねる枠組みを整えました。指名委員会では、自分の後任の育成と選任に向けてサクセッションプランニング（後継者育成計画）に着手しました。役員に求められる期待役割と人材要件を明確にするとともに、選定基準と選定プロセスを策定して内外に公表しました。報酬委員会では、経営陣がE社の価値創造と成長のために適切なリスクテークができるように、業績に連動する賞与と長期インセンティブを設定し、株主をはじめとする様々なステークホルダーと利害が一致するような工夫をこらしました。これは今までのA社とD社のガバナンスとあまりに異なる形態だったことから、E社の社員を含めて周囲からは驚きの目で見られることになりました。

◆コーポレートガバナンス・コードとは

２０１５年に金融庁と東京証券取引所により、コーポレートガバナンス・コードが策定されて、同年6月から適用になっています。日本企業の収益性が低いのはガバナンスに問題があるのが一因ではないかという海外投資家の声が以前からありましたが、このような声に対応すべく、安倍政権は成長戦略の一環として極めて短期間に企業側の統治指針としてコーポレートガバナンス・コードをとりまとめました。

冨山氏は同コードの原案をとりまとめた有識者会議のメンバーとして本書で書かれている内容を主張され、コードに反映させています。なお、この1年前には投資家側の指針としてスチュワードシップ・コードも制定されています。本章のケーススタディは、コーポレートガバナンス・コードの策定により導入が期待されるガバナンスの一例です。

コーポレートガバナンス・コードの狙いは本コードの序文を読むとよく理解できます。序文に「コーポレートガバナンス」は次のように定義されています。「会社が、株主をはじめ、顧客・従業員・地域社会等の立場を踏まえた上で、透明・公正かつ迅速・果断な意思決定を行うための仕組み」。また、当コードにより、「持続的な成長と中長期的な企業価値の向上のための自律的な対応が図られることを通じて、会社、投資家、ひいては経済全体の発展にも寄与する」ことが期待されています。

ここからわかるようにガバナンスとは決して不祥事防止のための守りだけでなく、むしろ企業の適切なリスクテークを後押しする仕組みなのです。「攻めのガバナンス」と称されるゆえんです。同コードは法律的に強制力のある指針ではありませんが、スチュワードシップ・コードにより投資家側からの健全なプレッシャーがかかることから、中期的には日本企業が大きく変貌するきっかけになるでしょう。

4 負け戦こそ糧――経営人材を育てる

これまで日本企業の「病理」とその原因について解説してきました。そしてその解決策の一端についても触れました。冨山氏は、「会社を腐らせない最強の予防薬は、強い経営者と経営人材の育成・選抜」にあると言います。企業にとってトップのあり方は極めて重要なのです。

強い経営者とは、若いうちから修羅場でガチンコの競争にさらされ、負け戦を経験した人材です。その過程で自分の頭で考え、自分の言葉で主張してきた人間が強い経営者となっていくのです。

また、経営人材の指名や育成も根本的に変える必要があります。予定調和的に出世してきた人をトップに据えるのはもうやめるべきです。むしろ組織からはみ出そうとするくらいの人間こそ、これからのリーダーにはふさわしいのです。

経営は結果責任です。うまくいかなかったら責任を取る覚悟を最低限、持てるかどうかがリーダーには求められます。企業の求める結果を出した経営トップにはそれ相応の処遇をもって報いるべき一方で、結果が出なかった場合には厳しく責任を問うことが企業のガバナンスとして肝要です。

リーダーを目指す人はまた、組織を離れる経験も早くから体験しておくべきです。肩書抜きで仕事をする厳しさを味わい、そのような状況で何ができるかを知っている人間が、厳しい環境でも企業を発展させていくことができるのです。

経営というのは常に昨日より今日をよくする、すなわち変革を続けていくことです。人間は基本的にしんどいことをやりたくないし、変わりたくないものです。そのようななか、重い歯車を回すのがリーダーの仕事になります。それは他人の人生に影響を与えてしまう責任の重い仕事だということを、リーダーを目指す人には認識しておいてもらう必要がありますし、それだけやりがいがあるということもぜひ覚えておいてほしいと思います。

［ケーススタディ］リーダーの条件

統合会社E社で閑職へ異動となっていたB氏ですが、くさらずに目の前の業務に精いっぱい取り組んでいました。担当の業務について、常により効果的にかつ効率的に仕事をする方法はないか模索し続ける一方で、新規事業や新商品に関するアイデアも考えて、機会があれば関連部署や経営陣にぶつけていましたが、なかなかすぐに実行するわけにはいきませんでした。

そんな日々が続くなか、F社長に呼ばれたので部屋に行ってみると、いきなり「Bさん、香港の子会社に社長として行ってもらえませんか？　ご存じのように業績は苦戦していて楽な仕事ではありませんが、Bさんなら立て直してくれるのではないかと期待しています」とF社長から告げられました。B氏は海外で仕事をしたこともありませんし、以前から香港の子会社は業績が相当悪いというのも聞いていたので一瞬、躊躇《ちゅうちょ》しましたが、気づいたら「ぜひ、やらせてください」と答えていました。

それからの2年間はB氏にとって、これまでに経験したことがない大変な日々となりました。言葉は通じないうえに、ビジネスの習慣もやり方も違い、現地のスタッフも日本で一緒に働いていた同僚とは全く異なる考えや仕事のスタイルを持つ人々でした。悪戦苦闘しながらも持ち前の前向きな姿勢とバイタリティで現地のスタッフと一緒になって駆けずり回って、ようやく3年目から何とか黒字転換することができました。その後、順調に業績は改善し、5年目には過去最高益を計上できるまでになりました。

やっとこれで少し落ち着いて社長業に励めると思った矢先に、日本のエグゼクティブサーチの会社からヘッドハンティングの話が舞い込みました。日本に新たに進出する世界的なIT（情報技術）企業の日本法人G社のトップをやってくれないかという話でした。

あまりに大変だった数年間を経てようやく少しゆっくりできると思っていたので、もう勘弁だと思う気持ちがある一方で、自分でも不思議なことにまた新たなチャレンジをしたいという気持ちもありました。恐る恐るF社長に相談してみると、意外なことに「おめでとう、それはBさんの実力が認められたということです。ぜひやってみたらいかがですか」という言葉が返ってきました。

◆B氏の凱旋

ほどなくして、B氏は帰国してG社の社長に就任しました。世界的な企業がバックについているとはいえ、日本ではゼロからのスタートでしたので、やはり最初は誤算と試練の連続でした。それでも、3年間でB氏は立派に本社が期待していた以上に日本でのビジネスを立ち上げました。

そんなある日、久しぶりにF社長から電話がありました。何かと思って出てみると、「Bさん、E社の指名委員会が私の後任の社長の選定に入っているのですが、Bさんが有力な候補者として挙がっています。一度、指名委員会のメンバーと会っていただけないでしょうか」とのことでした。B氏は驚いて「えっ、私がですか。もうE社を離れて5年以上たちますし、年齢もまだ40代ですが」と言うと、F社長は「いえ、40代で経営の実績がある、過去に挫折もしていて、E社もE社以外も知っている、そんな人を探していたのです。まさにBさんはその条件にぴったり当てはまります」と即座に答えました。

それからしばらくして、F氏からB氏へのE社の社長交代が発表されました。B氏は記者会見の場でF氏の横に座りながら、B氏が次期社長に決まったとF社長から告げられたときのことを思い出していました。B氏はF氏に「ありがとうございます。私が社長になった際にはFさんには会長として支えていただけますよね」と尋ねると、「Bさん、私はE社からは完全に離れるつもりです。ぜひ、Bさんはご自分の思うとおりにE社をさらに発展させていってください。それができるということでBさんが選ばれたのですから」とF社長からは言われました。

F氏が記者会見で退任後は会長としても取締役としても会社には残らないと言うと、驚きの声が上がりました。B氏は一抹の不安と寂しさを感じながらも、E社の社員やその家族、さらにはE社の顧客や株主のためにも、全力を尽くそうとあらためて誓いました。

7

『日本はなぜ敗れるのか』
山本七平著
——前提と乖離した戦略・戦術の悲劇

奥野慎太郎
(ベイン・アンド・カンパニー・ジャパン)

日本はなぜ敗れるのか——敗因21カ条　角川oneテーマ21、2004年／山本七平

1　家電大手も己を知らず——精兵主義の前提と実態の乖離

『日本はなぜ敗れるのか——敗因21カ条』は、太平洋戦争中に砲兵少尉としてマニラで戦い捕虜となった評論家の山本七平氏が、日本はなぜ戦争で敗れたのか、日本人とは何かを考察した日本人論の名著です。執筆に際し、技術者としてブタノール製造のためフィリピンに派遣され捕らえられた小松真一氏の『虜人日記』を読み解きました。

民間人である小松氏の手記を題材に考察を進めることで、単なる軍事・戦争研究を超えた日本人論が展開されており、現代社会に生きる我々や、その企業経営にも大きな示唆があります。

小松氏が掲げた敗因21カ条の中でも多くを占め、山本氏が特に注目した点に精兵主義に代表される日本軍の戦略・戦術の前提と実態との決定的乖離が挙げられます。

21カ条の中では「精兵主義の軍隊に精兵がいなかった事。然るに作戦その他で兵に要求される事は、総て精兵でなければできない仕事ばかりだった」「精神的に弱かった（一枚看板の大和魂も戦い不利となるとさっぱり威力なし）」「物量、物質、資源、総て米国に比べ問題にならなかった」など、4分の1がこの論点に関係しています。

日本の国力は米国よりも大きく劣る、開戦後に徴兵された戦力が最初から精兵であるはずがない、制海権のない海に十分な護衛をつけず旧式の輸送船を出せば撃沈される、といった常識を否定。これらを述べる者は「非国民」と弾圧し、非常識な前提を「常識」として行動する姿勢は数々の悲劇を生みます。

一部に精兵がいたことは事実でしょうが、その「芸」を絶対化して合理性を怠ることは、戦闘と戦争の区別のつかない指導層の怠慢です。いわゆる日本軍の強さを、資源や設備の制約を工夫で打開する中小零細企業的な強みであるとして、「条件さえ同じなら負けない」と現実の条件的違いを無視してしまったことが敗因の大きな要素であると本書は指摘します。

[ケーススタディ] 日本軍に似る企業経営も

本書で指摘されるような、実態についての合理的・客観的な認識とそれに基づく戦略・対応検討の不足、これらに起因する様々な失敗や敗退は、残念ながら今日の企業経営（日本企業に限らないかもしれません）においても見られる典型的な問題事象の1つです。

一例に、日本の家電メーカーがブランド力や技術力、品質を強みとして掲げ続け、それが競合を凌駕するレベルで顧客に評価されていることを前提に戦略を展開したことがあります。20世紀後半には世界を席巻した日本の電化製品ですが、２０００年代に入ると状況が一変します。

とりわけＡＶ機器などでは、米国や新興国などで韓国や中国などの新興メーカーがブランド力で上回っていたり、技術的にも同じコンポーネントを使っているために顧客に認識されうるような有意な差がなかったりといった状況が珍しくなくなりました。

一方で新興メーカーは、かつて米軍が日本軍の兵器・戦術に対してそうしたように、日本企業の製品やマーケティングを徹底的に分析して、それらに勝つ戦略・戦術を講じ、成果を上げていました。

それらは少し客観的な調査をすればすぐに把握できた、あるいは最前線の現場ではすでに認識されていたはずです。ところが、本社中枢にそうした情報が上げられなかったり、本社の幹部の一部が「そんなことはないはずだ」と取り合わなかったりした結果、戦略の軌道修正までに大きな時間と経済的損失を払うことになりました。

ものづくりにおける匠の技術の優位性は今でも多くのメーカーで大切にされる強みです。ただ、後継者育成への投資が十分でなかったり、そもそもそうした技術者の数が経営に有意な違いをもたらす水準になかったり、あるいは競争のルールがすでにそこになかったり、といった状況に出合うことは少なくありません。

日本の中小零細企業の製造技術が米アップルの最新製品に採用された、などといったニュースは、ものづくりの尊さを重視する私たちの留飲を下げてくれますが、それとて属人に頼りすぎない、大量生産に足る技術的な普遍性と、量産のための投資があって初めて商業的価値につながったと言えるでしょう。

国宝級の技術者がいることは誇るべきことですが、そうした人が1人いることが会社全体の技術的な強み、経営上の強みを表しているとは言えません。会社全体のケイパビリティとして標準化・体系化・仕組み化するなどしていない限り、そうした宝も経営という観点からは持ち腐れになりがちです。

同様に、伝説的なセールスマンがたった1人いたからといって、全員に素晴らしい営業力があることを前提にしたような計画を立てても、実行には結びつかないでしょう。

◆敵を知り己を知れ！

また「条件さえ同じなら負けない」として現実の条件的違いを無視したり、彼我の条件の差を克服しようとしなかったりする姿勢は、今日の日本企業の新興国企業（あるいは新興企業）に対する姿勢にも見られることがあります。

猛烈な勢いで投資を拡大し、成長を続ける新興国企業、特に中国企業に勝つための戦略の議論をしていると、日本企業の経営者や幹部からはこんな疑問や仮説が語られることがあります。

「彼ら（中国企業）は本当にもうかっているのか」「彼らは政府から税金その他のさまざまな優遇措置を受けているから強いのであって、技術的には我々の方が間違いなく上ではないか」「彼らは後先顧みずにどんどん投資をし、巨大な生産設備を擁するからコスト競争力に勝るが、同じ設備を使えば我々の方が圧倒的に優れているはずだ」——。

そうした指摘がすべて当たらないわけではありません。しかしながら実態は多くの場合、優遇措置などのローカル企業特有の優位性は新興国企業の主たる競争力の源泉ではなく、積極的な設備投資や買収により圧倒的な規模を実現し、それをコスト競争力やチャネルシェアにつなげて利益を上げています。

仮に優遇措置が大きな障壁であったとしても、かつての米国企業が日本に対してそうであったように、合併や買収を活用したり、規制に対する政治的圧力をかけたりといった手段もあります。

ただ「条件さえ同じなら負けない」と開き直っていては、相手の客観的・合理的な分析が奨励されず、対応策も精神的、あるいは中途半端になりがちです。

『孫子・謀攻』に「敵を知り己を知れば百戦危うからず。敵を知らず己を知らざれば、戦う毎に必ず危うし」と言われるように、競争に勝つためには思い込みや願望、決めつけではない、客観的で合理的な事実に基づいた戦略設計と意思決定が何よりも必要なのです。

2 反日感情を招いた悪癖――文化の確立・普遍性の不足

日本は太平洋戦争の大義名分の1つとして「大東亜共栄圏」構想を掲げました。一方、小松真一氏は『虜人日記』の敗因21カ条で「一人よがりで同情心が無い事」「日本文化に普遍性なき為」「日本文化の確立なき為」として、日本の文化的側面の弱さを3項目で指摘しました。

山本七平氏も、日本が自己を絶対化するあまり反日感情に鈍感であったことが、アジアの人々や少数民族などに反日感情を芽生えさせ、強烈な抗日運動やゲリラに悩まされる原因になったと述べています。

文化とは元来個別的なものであり、行く先々に当地の文化があるのが当然です。そこに日本文化を持ち込んで理解を得るには、日本人一人ひとりが自らの文化を意識的に再定義・再把握し、現地のそれとの違いを理解して、現地の言葉で提示できなければなりません。

他人の文化的基準を認めず、自らの文化も説明せず、それを理解・尊重しない者に罵詈《ばり》雑言を浴びせるだけでは、相手は困惑し反発します。アジアの人々に対してだけではありません。交戦相手国に対しても「鬼畜米英」と罵るだけで、彼らの文化や考え方を研究・理解する姿勢がないことが、合理的判断の欠如や情報活動の不足につながっていきました。

「自分は東亜解放の盟主だから、相手は歓迎し全面的に協力してくれる」と思い込む。必ずしもそうでない現実に遭遇すると「裏切られた」と憎悪する。協力してくれた現地の人を大切にしない。これらの姿勢も「一人よがりで同情心が無い」と断じています。

その結果、当初日本に対して特定の感情のなかったフィリピンで反日感情が高まり、軍人だけでなく日本人民間人まで攻撃を受けることになります。そうした状況でも、現地の人々に文化的基準や合理的理由があることを認めて話し合おうとせず、掃討しようとしたため、さらに状況が悪化したのです。

［ケーススタディ］組織の風土や文化

前節のケーススタディでは、自社および競争相手の事実を客観的に分析・理解することの重要性について述べました。これは価格や製品性能などの機能的な側面だけでなく、社風や企業文化、価値観などの側面にも及ぶ議論です。

コンサルタントとしてクライアント企業を支援していると、他社で取り入れられている成功事例や、幹部候補として採用を薦められた他社人材に対し、「当社の文化・風土にはなじまない」という意見が出る場面にしばしば遭遇します。

確かに他社でうまくいったものが自社でもうまくいくとは限りませんし、その導入可否をはかるうえで文化的側面が重要であることはその通りでしょう。残念なことは、その企業が大切にしている文化や組織風土（意図せず陥ってしまった悪しき風土ではありません）を外部の人間にでもわかるように具体的に説明でき、かつ異口同音の説明が異なる幹部の方からうかがえる会社は意外に少ないということです。

企業文化や組織風土は戦略設計・遂行において極めて重要な要素です。企業の組織風土を客観的に「見える化」することを我々がサポートすることも多く、そのためのグローバルに標準化されたアプローチもあります。そうした分析を通じて客体化されて初めて、クライアント企業の皆さんが自社の企業文化・組織風土を認識されることも往々にしてあります。

自社の企業文化・組織風土への理解が進むと、それまで「なじまない」と拒否反応を示されていた他社の成功事例や戦略についても、なぜそれが機能しているのかを具体的に理解し、優れたものを取り入れていこう、そのために自社の組織風土の改めるべきところは改めよう、という姿勢が芽生えてきます。

こうした普遍的な文化の確立と説明の重要性は、近年増えてきた企業のM&A（合併・買収）や、グローバルな組織ガバナンスにも大いにあてはまるテーマです。買収・合併した企業や海外で立ち上げた現地法人が、日本の本社と異なる企業文化・組織風土であることは半ば当然です。いくら経営トップ同士が大いに賛同して成立した買収・合併であっても、組織の中には不安や違和感を覚えている人がほとんどであり、必ずしも統合を歓迎していないことも少なくないでしょう。

◆クールジャパンにも示唆

そうしたなかで、自社にとって理解できない、自社と異なる言動に遭遇するたびに「やはり彼らは違う」といって批判しても相互不信が強まるだけで、よい結果にはつながりません。

M&Aやグローバル展開をいい契機として自らの企業文化・組織風土を見つめ直す。

そして自社が本当に大切にすべきもの、買収・合併相手先や海外現地法人においても順守してほしいものは何か、逆に変えていきたいもの、異なる考え方ややり方を許容できる部分はどこかを再定義・再把握することが、真の結果につながるのです。M&Aや海外進出が、自らのアイデンティティを再確認させる、と言ってもよいでしょう。

こうして見てくると、近年話題になっている「クールジャパン」なるものの推進の仕方にも示唆があるように思われます。日本の文化とはどういったもので、その中で誇りたいもの、外国人にも伝えたいものはいったい何か。

その再定義を経ずに、外国人に評価される可能性の高そうなものは何か、という視点だけで、全体の脈絡なく発信すべきコンテンツを考えると、評価されなかったときに失望が広がり、その失望が反感にもつながりかねません。

外国人が日本のアニメをまねたり、日本食を作ったり、日本庭園を造ったりして、それが日本人の手によるものと異なる場合に、「あれは偽物だ」と嘲笑するのも、非常にひとりよがりでもったいない話です。

◆自他の客観的理解と敬意

「クールジャパン」と言われるものの本来の目的が、日本文化の価値を広く海外に伝え、そのファンを増やして経済的価値につなげていくことにあるのだとすると、日本文化とはいったい何であるのかという点についての説明責任は日本人にあります。

まずは我々日本人一人ひとりが、現代の日本の文化を体系的に語れるように子どもの頃から教育すること。また、外国人にもその本質を説明したうえで、本質以外の部分での「工夫」「改良」を歓迎する姿勢が重要なのではないでしょうか。

考えてみれば、食文化にせよ、工業製品にせよ、歴史的に日本人は他国の文化を進んで受け入れ、それを日本化・発展させることが極端に好きで上手な国民とも言えるかもしれません。

それ自体は誇るべきことなのですが、ただそれと同じ姿勢を外国人に求めても、必ずしもうまくいくとは限らないでしょう。

競合から学ぶこと、M&Aや海外進出において統合やガバナンスを円滑に進めること、さらには日本文化を海外に広めること。いずれにおいてもかつての戦争で露呈した日本人の悪癖を反省し、自らの客観的理解とそのための投資、自らを理解してくれた人への敬意と他者の理解への努力が、成功への基礎となるのではないでしょうか。

3　自社の強みは？——思想的不徹底

戦前の思想教育とその巧拙は広く論じられるところです。小松真一氏は『虜人日記』で敗因21カ条の1つに「思想的に徹底したものがなかった事」を挙げます。

ここでいう「思想的徹底」とは、自らの思想的基盤を徹底的に考え抜き、批評にも正面から向き合い、自ら律するための土台とすることです。

当時の日本では標語的な思想はあっても体系化されておらず、批判を許さず、物理的・社会的暴力で律していました。日本国内や暴力が及ぶ環境にいれば統率がとれる。ところが、海外で、責任を自覚しなければ無責任でいられるという位置におかれると極めてもろくなった。山本七平氏はそう分析します。

また陸軍では白兵戦を戦闘の根本に据えつつ、その強みが最大限発揮できるゲリラ戦に注力せずに、一大会戦をやろうとしました。自らの本当の強みやよって立つべきものが一体何なのかが組織として徹底されていないことも、各地での惨敗につながっていきます。

思想的不徹底は「基礎科学の研究をしなかった事」「兵器の劣悪を自覚し、負け癖がついた事」といった、他の敗因にも影響しました。思想的基盤や客観的な自己認識なく、虚構の上に議論を展開することは、基礎科学への軽視・無関心を生みます。

基礎科学におけるギャップの認識の甘さがさらなる虚構を助長するという悪循環に陥り、米国のような兵器・兵力の飛躍的発展を阻害します。

一方で前線では兵器の劣悪・不足は明らかです。徐々に負け癖がつき、「大決戦」などと銘打っても戦いの端緒で戦意を喪失して敗走する、といった展開が各地で見られるようになります。

太平洋各地に分散させた戦力が個別撃破され、兵士は生き残るためにジャングルに潜伏する。後半戦に至ってもなお、日本のエリートが戦争終結の具体的方策を打ち出すことができなかったのも、思想的基盤の弱さに起因しているのです。

[ケーススタディ] アップル、グーグルなどの強み

企業経営における「思想的徹底」とは、企業文化・組織風土に加えて、自社が本当の強みとして磨き続けるべきもの（「コアケイパビリティ」と呼びます）がどこにあるのか、それ

を生かして自社が絶対にリーダーシップをとるべき事業・市場はどこかについて、共通理解と遂行を徹底することにあります。

残念ながらかつての日本軍と同様に、これらの不徹底が業績の不振につながっている企業の例を見ることは、日本企業はもとよりグローバルにも少なくありません。

自社の本当の強みを理解し、それを中心に戦略を組み立てる企業には迷いがなく、戦略は極めてシンプルでわかりやすく、そのシンプルさが戦略の現場への浸透やさらなる強みにつながります。そこで強みとされるものは決して時代遅れのひとりよがりではなく、その時点において最先端を行くものであり、かつ常にその点においてリーダーであるべく妥協なき進化が追求されています。

例えば、米グーグルは自らをテクノロジーとイノベーションによる問題解決の企業であるとシンプルに定義し、エンジニアを価値創造の中心に置き、検索や音声認識などの基礎研究に膨大な労力を投じます。

米アップルは顧客からの示唆の収集・研究を最重視し、マーケティング機能を最高経営責任者（CEO）直轄にしています。

中国の大手携帯電話メーカー、小米（シャオミ）はインターネットを通じた直販網と顧客からのフィードバックを通じた製品の継続的改良がコアであり、それが圧倒的なコスト競争力を生み出しています。

◆YKK——ファスナーは品質と顧客との距離がコア

自社が本当の強みとして磨き続けるべきものが明確である企業は、どういった市場あるいは顧客セグメントにおいて絶対にナンバーワンであるべきかが明確で、そこでの勝利に向けて妥協がありません。

世界のファスナー市場で圧倒的トップシェアを維持し続けるYKKは、シェアを維持・拡大するためにユーザーである縫製工場の世界各地への展開に伴って一途に拡大を続け、その進出先は今や世界数十カ国に上ります。

アパレル製品にとっては小さいながらもコアパーツであるファスナーを、高品質を維持しつつリーズナブルな価格で顧客の需要に合わせて提供し続ける。自社の強みや使命が世界各国の拠点に徹底されており、本社から箸の上げ下げに至るような細かい指示・命令がなくとも、各現場が自律的に動くと言われています。

一方で、コアケイパビリティやコア事業の明確な認識と徹底なく、いたずらに多角化を繰り返した企業は、おのおのの事業で基礎研究への投資が不十分になってしまいます。本気でナンバーワンになれる、ならなければならないと思っていないこともあり、特に現場社員を中心に競合に対して負け癖がついてしまいます。そして、シェアが低いことにも、事業計画が未達に終わることにも何となく慣れてしまい、自身の前年対比でしか業績を見なくなります。

◆勝つには明確な問題意識と思想が必要

そうした企業は経営陣や本社から業績へのプレッシャーがかかると多少対応しますが、プレッシャーがなければ各事業や現場を律する思想的基盤がありません。

それどころか、こんな事業はやっていても意味がない、といった声が社内で公然と出始めるようになり、現場社員の士気は下がる一方です。

事業だけでなく、海外拠点への展開も同じです。展開した先で必ずナンバーワンシェアを獲得する、という明確な意思とそのための投資計画を持って進出するのであればよいのですが、5%でも10%でもシェアをとって利益が出ればよいではないか、といった目線で進出すると、現地ではろくな人材が集まらないばかりか、負け癖がついてしまい、なかなか業績は上がってきません。

圧倒的な戦力でも持たない限り、戦線を拡大しすぎると個別撃破されて価値につながらないというのは戦いの基本であり、先の戦争からの明確な教訓の1つでもあります。ところが実際には、この轍を踏んでしまっている日本企業が今日でも非常に多いのは、大変残念な事実です。

多くの企業は創業の折、現状に対する何か明確な問題意識や、思想的なものを持っていたはずです。経営陣から現場にまで共有された「思想的に徹底したもの」を再構築・再獲得することが、戦線が伸びきって閉塞感に陥りがちな企業の再活性化につながるのではないでしょうか。

4　成功はへぼ教師——「反省力なきこと」

本書を取り上げた目的は、過去の反省からできるだけ現代の社会やビジネスへの示唆を得るためです。小松真一氏の『虜人日記』に記された敗因21カ条に「反省力なき事」があることは皮肉でもあり、必然でもあります。

山本七平氏は太平洋戦争と、官軍が西郷隆盛率いる士族軍を敗った明治の西南戦争を対比し、日本の反省力のなさを浮き彫りにしています。

鹿児島で決起した西郷軍は相手がどれほど数や火力で勝るかを研究しようともせず、武士である自分たちが負けるはずがない、緒戦の勢いに乗り短期で決着がつく（なので補給は重要ではない）といった前提で作戦を立てます。しかし実際には、官軍の圧倒的な火力の前に敗れ去ります。

この作戦思想や敗戦に至るパターンが、太平洋戦争の敗戦パターンと驚くほど酷似していると山本氏は分析します。米国は真珠湾での被害を反省し、海軍編成を戦艦中心から空母機動部隊中心に大転換し、陸・海・空が連動した用兵術を開発しました。

日本も西南戦争をしっかり反省していれば、開戦に至らなかった可能性を含め、結果は違っていたかもしれません。

反省の不足は開戦後も続きます。小松氏の敗因21カ条で唯一地名が出るものに「バアーシー海峡の損害と、戦意喪失」があります。制海権のなくなった台湾とフィリピンの間のバシー海峡に兵員を満載した旧式輸送船を次々と繰り出しては撃沈され、一戦も交えず大勢の戦死者を出しながらやめなかった悲劇を指しています。

戦後70年を迎え、私たちの置かれた社会的・政治的・経済的環境はかつてと全く異なります。しかし、本書が分析し警鐘を鳴らした問題点は現代の日本人や日本企業、あるいは日本という枠を超えた企業活動一般にもあてはまるものが驚くほど多いように思います。私たち全員が戦争や自社の過去の失敗の教訓を反省し、次の発展につながる契機としたいものです。

［ケーススタディ］成功は失敗の彼方にある

数々の過去の戦史研究から独創的な戦術を編み出し、日露戦争での日本海海戦を勝利に導いた日本海軍参謀、秋山真之は日露戦争終結に際して「勝って兜《かぶと》の緒《お》を締めよ」と警鐘を鳴らしました。「失敗を許容せず、失敗から学ばず、成功体験に固執する」という日本人のリスクを見抜いていたからです。

しかしながら、勝ってさらに反省するというのは極めて難しいことです。日本軍は日露戦争での「勝利」が強烈な成功体験となり、太平洋戦争に至るまで装備や戦術を大きく進化させませんでした。ビル・ゲイツ氏が「成功は、へぼ教師だ。賢い人たちに、自分には失敗はないと思い込ませてしまう」と言ったように、日本人に限らず成功は人を自己満足させ、学習意欲を減退させます。

7　『日本はなぜ敗れるのか』山本七平著

一方、米ＩＢＭの初代社長であるトーマス・Ｊ・ワトソン氏が「成功は失敗の彼方にある」と述べ、また本田宗一郎氏が「失敗のないところに成功はない」と言ったように、失敗は多くの教訓を与えてくれます。その教訓に真摯に向き合い、自己の成長に集中した者が長期的に大きな成功を収めることは、歴史が証明しています。

経営コンサルティングの仕事も突き詰めれば、過去や競合の成功事例・失敗事例からの教訓を紡ぎ出し、クライアント企業の状況や課題に即した形で提言することが多くを占めます。そうした目で企業を見ると、失敗から学ぶことに仕組みとして取り組んでいる企業や組織は概して非常に堅牢です。また、優れた経営者は、自社の過去の失敗事例の研究について謙虚に耳を傾け、それを過去の経営者の属人的失敗として捉えるのではなく、そこから組織としての教訓を得ようとします。

◆投資成功率3割を目指すには

もう少し現場に近いレベルでも、例えば失注事例をどのように蓄積し分析しているかを見ると、企業の営業力がよくわかります。

優れた企業は失注案件について他社の提案内容や顧客からのフィードバックを収集するこ

とを奨励し、批判するのではなく次への示唆を導出するために分析します。それが戦術的な営業手法における改善にとどまらず、より本質的な製品・サービスの改善につながります。

逆に営業力の弱い企業は概して失注案件を営業のデータベースからも消去してしまったり、なるべく触れないように隠したりしがちです。

「とにかく売ってこい」といった指示になりがちなため、かつての「バアーシー海峡の損害と、戦意喪失」に似たような悪循環にも陥りかねません。

日々のオペレーションだけでなく、M&A（合併・買収）のような一見「一世一代の大勝負」に見えるようなものでも、失敗からの学びがものを言います。我々の研究によると、経験数が多い企業ほどM&Aによって企業価値を高められる成功確率が高く、また大失敗・大成功といった成功の幅のばらつきも小さくなることが証明されています。

経験もないのにいきなり超大型案件に挑むのではなく、小さくても案件経験を積み重ね、そこからの経験や反省を組織知として積み重ねた企業がM&A巧者となります。

企業への投資そのものを生業とするバイアウト・ファンドでも、一般的に3割強の案件で投資収益をあげることができれば「優れたファンド」とみなされます。3割強の「打率」をたたき出す投資ファンドはそれ以外の6〜7割の案件から多くのことを反省し、失敗を減らす術や成功案件での収益を大きくする術を学ぶのです。

◆戦争の反省を仕事に

お恥ずかしい話ですが、1973年に創業したベイン・アンド・カンパニーも90年に一度倒産の危機に瀕しています。初期の成功に気をよくして性急な規模拡大に走り、顧客中心のコンサルティングを忘れかけたことが大きな原因でした。

その経験から徹底的に学び、常に顧客を中心に考え、一方でそれにおもねらず事実を事実として伝えること、そしてそのために社内のグローバルなチームワークを徹底して、それらを奨励する評価制度や組織設計を貫くことを根本としています。

本来はそこまでの危機に至る前に自律的に矯正・再建できればよかったのです。ただ、一度陥ってしまった危機を徹底的に反省し、思想的な基盤、文化や価値観、諸制度といった形で具体化し、一連の経緯と考え方を25年経った今でもパートナーへの教育において徹底しています。

戦争からの反省には様々な要素、目的とやり方があるでしょう。政治の世界ではレトリックな部分が重要なようですが、より本質的には何が起きたのかという事実に向き合い、なぜそうなったのかを客観的に分析・理解して、それを次の世代に教育していくことが大切です。反省から得られるものには、もちろん日本を再び戦争に導かないための教訓もありますが、ビジネスにおいて日本企業がグローバルに勝つための示唆深い教訓も大いに含まれると考えます。

戦争からの反省を政治の世界だけのものと矮小《わいしょう》化せず、我々民間レベルでも次の発展への知恵にかえることが、先人の残したものを未来の価値へ転換することにつながるのではないでしょうか。

8

『「バカな」と「なるほど」』
吉原英樹著
――よい戦略はどうやって生まれるか

清水勝彦
（慶應義塾大学ビジネススクール）

「バカな」と「なるほど」 PHP研究所、2014年／吉原英樹

1　戦略の本質——差別化とは「バカ」と言われること

『「バカな」と「なるほど」』が最初に出版されたのは今から30年近く前です。それが2014年になって復刊されたのにはそれなりの意味があります。経営学修士（MBA）ブームなどと言われながら、難しい専門用語やフレームワークに踊らされがちな学者やコンサルタントを一刀両断にする切れ味に、やっと時代が追い付いてきたということではないでしょうか。

まず、タイトルがいい。一言で戦略の本質をついています。他社に勝つ＝差別化ということは、他社から「バカよばわり」されるくらいでなくてはいけないのです。そう言われたくないためかどうかはわかりませんが、「他社がやっているから、当社も」という企業がいかに多いことか。

5年前に日本に帰ってきたとき「飲み放題」が多くて感激しましたが、この典型です。最初は「バカな」だったのかもしれませんが今は「あたりまえ」で、とても差別化の源になっているとは思えません。むしろレッドオーシャンのよい（悪い？）例です。

一方で当然ですが、ただバカなだけでは経営は成り立ちません。顧客ニーズをつかみ経済的に成り立つ合理性がなくてはなりません。本書にもあるように、一見「バカな」と思われる戦略も、よくよく見てみると非常によく考え抜かれていることがわかります。

気をつけなくてはならないのは「よい戦略には合理性がある」ことと「合理的に考えればよい戦略が生まれる」ことは全く違うことです。多くの情報へのアクセスが可能な現在、ロジックやフレームワークは一般的な、誰にとっても同じ答えをもたらします。

成長分野といえば、医療、インフラ、農業。よしと思って入ってみると、多くの企業の新規参入が集中し過当競争でもうからない……そんな話です。差別化を求めるには、「バカ」にならなくてはならないのです。ＩＢＭのワトソン君に対して人間が勝てるのはそこなのです。

[ケーススタディ] 論理だけでは世界が破綻する

「バカな」と「なるほど」が両方ないと、いい戦略そして企業としての結果は出ないのですが、多くの企業で見られるのは「なるほど」偏重、もっといえば「そつのない答え」「穴のないロジック」「面白くない」です。ロジカルシンキング、合理性、論理性……こうした点が重要なのはもちろんなのですが、いつの間にか「論理的であれば正しい」「合理的であればすべてが解決する」と思い、論理的に考えた戦略がうまくいかないと「社員の理解不足」「やる気がない」、揚げ句の果ては「せっかくの価値を顧客がわかっていない」などと責任転嫁したりします。

ベストセラーになった『国家の品格』（新潮新書）で、数学者の藤原正彦氏は「論理だけでは世界が破綻する」として次のように述べておられます。

> 一番困るのは、情緒に欠けてて、論理的思考能力はばっちり、というタイプの人です。……仮に彼が出発点Aを誤って選んだとする。もちろんその後の論理は絶対に間違えない。すると、彼の論理が正しければ正しいほど、結論は絶対的な誤りになります。……このような情緒力とか、形というものを身体に刷り込んでいない人が駆使する論理は、ほとんど常に自己正当化にすぎません。世の中に流布する論理のほとんどが、私には自己正当化に見えて仕方ありません。

実際、自分が正論を言っている（と思っている）ときは、相手を見下す態度になりますから、なおさらたちが悪い。前提が間違っているのに、そうした上から目線で滔々《とうとう》と持論を展開する「本当のバカ」って、周りにいませんか？　今でもファンの多い「男はつらいよ」シリーズで、寅さんはそうした人たちに向かって「お前、さしずめインテリだな」なんてことを言います。

◆プランニングとシンキングの違い

実はこうした点は、欧米の学者や経営者からも指摘されてきました。マギル大学のヘンリー・ミンツバーグ教授は「戦略プランニング」と「戦略思考（シンキング）」を多くの企業では間違えていると、これも20年以上前（1994年）から強調しています。

「戦略プランニング」は、（すでに存在する過去のデータや部門の）分析（analysis）であるのに対し、「戦略思考」の本質はそうしたデータはもちろん、経営者がこれまでにしてきた経験や自らの考えをフルに使って新たな洞察を生み出す統合（synthesis）にある。そして、その「戦略思考」が最も必要とされるのは新たな事業を生み出すときである。戦略思考を通じて生まれた戦略にコミットし、実行を通じて新たな情報を学習し、戦略をさらに進化させる継続的なプロセスこそが戦略経営なのだ、と。

2008年4月に同じくハーバードビジネスレビューに書かれた、ハーバードのシンシア・モンゴメリー教授の論文「Leadership back in strategy」（邦題「戦略の核心」）で同じようなポイントが指摘されています。

かれこれ25年ほど前から、戦略は分析的な問題解決の方法であり、左脳型の作業としてみなされるようになった。このような認識から、また「戦略は金になる」ということから、MBAホルダーや戦略コンサルタントといった一種の専門家が現れた。彼ら、彼女らはフレームワークやテクニックで武装し、業界分析や優れた戦略を指南し、経営者の良き参謀となった。

戦略は大局的な目的から遠く離れ、競争ゲームの計画に矮小《わいしょう》化されてしまった。

内田和成氏はベストセラー『仮説思考』(東洋経済新報社)で「課題を分析して答えを出すのではなく、まず答えを出し、それを分析する」と指摘されています。内田氏は「良い仮説は経験に裏打ちされた直感から生まれるのだ」と言い、この点は、同じく元コンサルタントの大前研一氏がベストセラー&ロングセラーの『企業参謀』(プレジデント社ほか)の冒頭で強調する「非線形思考の重要性」と共通するところがあります。「冷徹な分析と人間の経験や勘、思考力を、もっとも有効に組み合わせた思考形態こそ、どのような新しい困難な事態に直面しても、人間の力で可能なベストの解答を出して突破していく方法だと思う」というのが大前氏の主張です。

◆「バカな」と「あ、そうか！」

ジャック・ウェルチがＧＥの最高経営責任者（ＣＥＯ）を退いて最初に出版した本の名前も『Jack : Straight from the Gut』です。本来は『直感の経営』とでも訳すべきなのですが、日本経済新聞社から出版された日本語版では『わが経営』となっています。直感、勘というのはあまり読者に受けがよくないと考えたのかもしれません。さらにウェルチはその続編『Winning』で、「あ、そうか！（aha!）」を見つけることの重要性を強調して次のように続けます。

> 戦略とは、単純に「あ、そうか！」を見つけ、大まかな方向を決め、適切な人材を配置し、しつこく改善し続けることだ。
> これ以上複雑にしようとしたって、私にはできない。

経営者がよく「自由な発想を」なんておっしゃっていますが、実際にそうした会社で「自由な発想」で若手が提案したりすると「バカじゃないのか」「常識知らず」なんて言われたりします。しかし、若者はそこで「しゅん」としてはいけないのです。吉原先生が強調されるように、「バカ」と言われたら「しめしめ」と思ってみましょう。そこに差別化のカギがあるかもしれません。

ただ、トルストイの言うように、賢い人は同じように賢いですが、「バカ」と言われる理由は千差万別なので、「バカ」と言われさえすればよいものではないことを付け加えておきます。

2 「常識」って何？——楽するためのおまじないかも

「常識を覆す」という言葉は新聞や雑誌の見出しで時々目にします。新興企業や衰退していた企業が「斬新な戦略」で好業績をあげたようなときに使われます。

ところで「常識」って何でしょうか？　辞書を見ると「一般社会人が当然もつとされる知識や判断力」なんて書いてあるわけですが、「当然」って何が当然で、誰が決めたのでしょうか？

「常識」＝「社会人としてのルール」と考えると、「ルール」には2種類あります。1つは、例えば歩行者は右といった、別に左でもいいんだけど決めておかないと混乱するからあるもの。もう1つは、そもそも目的があってできたスピード制限のようなものです。後者はしばしば「形骸化」していることがあります。

本来の意味を失ったのに誰も疑問を持たずに従っている「ルール」「常識」のことです。2年前に「子供の健康診断で座高を測るのは意味がないからやめるべきだと文科省の有識者団体が提言した」という新聞記事を読んでのけぞった方も多いのではないでしょうか。何の意味もないのに延々80年近くも、誰も、何の疑問も持たずに行われ、しかも「座高測定器」なんていうものまであった。疑問を持たないほうが「楽」なのです。

そう考えてみると「常識」というのはおまじないのようなもので、結構怪しいと思ったほうがよいのではないでしょうか？　そもそもの目的を常に問い直す必要があるということです。「考えてみりゃあ」と原点に戻ることの大切さは、故西堀栄三郎氏もよく指摘されていたことです。

企業の中では「この仕事は何のためにやるんですか？」なんて上司に聞くと、まず「バカ」と言われます。しかし、そう言われるのは、もしかしたら上司も本当の目的を理解していないからかもしれません。「既得権益」「面倒くさい」が「常識」という言葉にすりかえられ、ごまかされるのはままあることです。しめしめと思ってよく考えると、チャンスが転がっているかもしれません。

［ケーススタディ］戦略立案者の8つの落とし穴

「常識」と「思い込み」とは紙一重です。確かに、世の中の「常識」に従わないと仲間外れになったり、あるいは投資家やサプライヤーの支持が得られないかもしれないので、何でもかんでも「常識を覆す」ことは難しいしするべきではないかもしれませんが、「思い込みでないか」と自問することはとても大切です。初めのうちは理由があっても、いつの間にかルーティン化され、疑問を持たなくなることは多いのです。「慣れ」というのは、いい意味でも悪い意味でも、人間の持つ重要な生存本能なのです。吉原先生もご指摘されていますが（組織あるいは人間の持つ）「慣性」は、経営学の大きなテーマの1つです。

McKinsey Quarterly に2003年に掲載された「Hidden flaws in strategy（戦略立案の落とし穴）」では次のような人間の脳に根本的に内在する問題が指摘されています。合理的であるはずの優れた経営者あるいは戦略立案者が「知らず知らず」のうちにはまってしまう「落とし穴」です。

①自信過剰
これは言うまでもないでしょう。

②頭の中での「財布」の分離（Mental accounting）
例えば、ばくちでもうけた100万円は散財したりするのですが、家電製品が壊れて数万円の買い替えをするのにも腹立たしく思ったりします。「財布が別」と思ってしまうからです。「自分のお金」であることに変わりはないのですが。同様に、新規事業にはどんどんお金をつぎ込むけれど、既存事業にはとてもケチ、なんていうことが起こります。

③現状維持バイアス
新しいことにトライをすることはリスクが付き物ですが、人間はどうしても「現状維持」「慣れたやり方」が好きです。たとえ、何もしないほうがリスクが大きくても。

④無意識的な基準設定（Anchoring）
これは交渉や意思決定のときによく指摘されるのですが、例えば、全く根拠がなくても、

ある数字を提示されるとそれが「基準＝anchor」となってそれに引っ張られる人間の性癖です。最初に10万円と提示された商品を6万円までまけさせることができたら「やったー」と思ったりするわけですが、実際は3万円くらいのものかもしれません。「最初に提示された10万円」というところが問題です。桁がいくつも違うＭ＆Ａ（合併・買収）でもよくある話です。

⑤埋没原価（Sunk-cost）のバイアス

これはまずいと思いながらもどんどん投資をし続けてしまう「escalation of commitment」の大きな原因としてよく取り上げられます。過去にした投資はもう沈んでしまって（sunk）どうにもならないのに、ついつい「ここまでやったんだから」ということでこだわり、さらに傷口を広げるケースです。新規プロジェクトや買収したダメ企業への対応でも見られますし、駅前でタクシーが全然来ないのに「これだけ待ったからもう少し」とさらに30分も待って、結局バスで行ったほうがはるかに早かった……というような話もそうです。

⑥群れたがる（The herding instinct）

「他社がやっているから、当社も」という、まさに吉原先生の指摘する問題点です。2点ほどご参考までに追加すれば、⑴よく「日本企業は横並びが好きで」などとしたり顔でおっしゃる方がいますが、まさに世界配信のMcKinsey Quarterlyが指摘するように、これは世界的な傾向です。⑵他社のまねは悪いところばかりではありません。追随しないことで他社の独走を許したりするかもしれませんし、先行した他社から学ぶことでよりよい商品・サービスを提供することもできます。吉原先生も本書で「ユニークな戦略を考え出すためには、必ずしもとびぬけた創造的思考能力が必要なわけではない。外国の答えを見ながら、また進んだ業界の答えを見ながら、自分の会社のために戦略の答案を書けばよいからである」（本書59ページ）と指摘されています。

⑦将来の変化の感情的影響を過大評価する

例えば、経営者が合併を考える際に、あるいは新しい評価制度を導入するときに、社員への影響を考え、躊躇することはあると思います。しかし「人間とは、びっくりするほどすぐに新しい環境に慣れる」のも事実です。例えば、社員の動機づけのために全社の給与水準を

20％上げても、社員が喜んでやる気を出しているのは2～3カ月で、すぐに新しい水準に慣れてそれが当然のことのように思う、それが現実です。

⑧共有したつもり

人間には、どうしても「自分の意見」に沿った情報を選択的に選んだり、そちらに注意がいくという傾向があります。従って、「共有したい」戦略とかビジョンは、いつの間にか「共有しているはずだ」「共有できた」と決定的な証拠もないままどんどん確信が深まったりします。また、「グループシンク」つまり、KY＝場の空気を読んでいないと「チームプレーヤーではない」と思われるのではないかと思い、「合意したふりをする」という指摘もあります。

「常識」に挑戦することは、面倒であったり、リスクを冒すことであったりするのですが、だからこそチャンスがあるのです。面倒でもなく、リスクもないとすれば、誰だってできるのですから。

3 多角化と経営トップ――カラ元気はOK、スケベ心はNG

本書が20年前に出た当時、私はコンサルタント3年目、バブルの始まりということもあり、ずいぶん新規事業のプロジェクトに関わりました。本書が多角化とそれに関わるリーダーシップに数章を割いているのはそうした時代背景もあると思います。

「新規事業が軌道に乗るまでは5年とか10年の長い期間の経過が必要で、しかもその間には予期せざる様々な問題が発生する」「その時、社長など経営者は内心ではしまったと思っても、その内心の不安を顔に出してはならない」「しばしばカラ元気のリーダーシップを必要とする」とはその通りで、現在でもあてはまると思います。

カラ元気を潔しとしない方もいるかもしれませんが、トップの言動は常にメッセージであることは吉原先生も指摘される通りです。トップが弱気になれば成功することも成功しません。

ただ、人は知らないうちに自信過剰になります。本来努力と工夫を重ねて初めて成功するような新規事業にもかかわらず、「当社のブランドを使えば大丈夫」「大手が中小に負けるわけはない」などという「常識」を自分の中で作ってしまうと失敗のもとです。

稲盛和夫氏が経営者として「私心なかりしか」を問うことの重要性を言っておられますが、私心というのはおごりや油断、さらにいえば「これだけの資源があるんだから（そんなに努力しないでも）もうかるに違いない」という思い込み、つまりスケベ心ではないかと思うのです。本書に挙げられる成功企業がいずれも大企業でないことは示唆的ですし、バブル期の多角化の多くが失敗しているのもわかります。

現在のような成熟市場に直面する日本企業の多角化がより真剣であることは間違いありません。ただし「プライドが許さない」「社長が始めたから」というようなことが5年も10年も取り組む理由だとすれば、それもまた「スケベ心」であることをお忘れなきよう。

【ケーススタディ】レゴの多角化戦略

「レゴ」を知らない人はまずいないでしょう。そうそう、あのおもちゃのブロックです。1932年、デンマークで生まれたこの会社は、そもそもデンマーク語で「よく遊べ」を意味する「leg godt」からきています。業績は絶好調です。効果的なM&A（合併・買収＝ピクサー、マーベル、ルーカスフィルム）を活用し、同じく絶好調のディズニーを特集した年末のEconomist誌（2015年12月19日号）では「ディズニーの次のターゲットはレゴか？」なんて書かれています。

しかし、歴史を見るとこの会社は結構ジェットコースターのような大成功と大失敗を経験してきたことがわかります。そもそも、この会社の代名詞であるレゴブロックの特許が切れたのが88年です。少し前のことですが、思い返していただくとおわかりのように、これと軌を一にしたかのようにパソコン、そしてテレビゲームが普及し始めます。あの任天堂「ファミリーコンピュータ」が発売されたのは83年、マリオブラザースが登場したのは85年です。

こうした環境変化に直面し、レゴの売り上げは93年をピークに下がり始めます。状況を打開するために新製品を矢継ぎ早に発表するのですが、業績は改善しません。98年、ついに外部からCEOを招聘し、新CEOは当時ビジネス界で最も注目されていた「イノベーションの7つの真理」を取り入れます。

①多様で創造的な人材を採用する
②ブルーオーシャン市場に進出する
③顧客第一
④破壊的イノベーションを試みる

⑤オープンイノベーションを推し進める――多数派が持つ知恵に耳を傾ける
⑥全方位のイノベーションを探る
⑦イノベーション文化を築く

どこかで聞いたような話ですね。これまでデンマーク人で中枢を占め、レゴブロックだけで成長してきたこの会社にとっては、テレビゲームなど様々な競合が現れる中、非常にタイムリーな戦略でした。

少なくとも、当時は皆そう思ったのでした。

◆「7つの真理」の落とし穴

しかし、一言でいえば、この「イノベーションの7つの真理」戦略は大失敗で、2003年には大幅な赤字を計上し、一時は身売り、あるいは倒産の噂さえ流れたほどです。その理由は「イノベーションがない」ことではなく、「利益を生むイノベーションがない」ことだったのです。

2013年に発刊され、こうしたレゴの成功と失敗の歴史をつづった『Brick by Brick（邦題：レゴはなぜ世界で愛され続けているのか）』では、「イノベーションの7つの真理」

の落とし穴にはまっていったことが分析されています。

①多様で創造的な人材を採用する——レゴは自社の価値観に合わない人材を採用したばかりか人材間の連携をとらなかった
②ブルーオーシャン市場に進出する——自社の強みのない市場で急拡大を図った
③顧客第一——分散したターゲット層のすべてを取り込もうとし中途半端になった
④破壊的イノベーションを試みる——的が絞れていない新規事業に多額の投資をした、また新規部門の「特別扱い」が社内にあつれきをもたらした
⑤オープンイノベーションを推し進める（多数派が持つ知恵に耳を傾ける）——効果的なフィードバックを得られないまま「悪貨は良貨を駆逐」するように、レベルの低い意見が集まった
⑥全方位のイノベーションを探る——可能性ばかりが強調され、誰もお互いに厳しい意見を言わなくなった（グループシンクの典型です）
⑦イノベーション文化を築く——チームは孤立し、反対意見は許されず、「何でもあり」の文化が築かれ、資源が浪費された

◆見失いがちな自社の本当の強み

これと似たような、イノベーションを中心とした多角化の失敗は多くの企業で見られます。もっといえば、多くの「優良企業」で見られます。フォード、IBM、ゼロックス……そしてその再建策も非常に似通っています。この場合でいえば「レゴらしさを取り戻す」ことでした。言い換えれば、いつの間にか「レゴ」というブランド力を過信して、様々な多角化を同時並行的に進めることでレゴの本当の強み・ユニークネスがわからなくなっていたのです。「スケベ心」という言葉が適当でなければ「おごり」と言ってもいいでしょう。

実はレゴの強みは部品の共有度、つまり新しい商品・セットが出ても、そこに入っているブロックの80%は定番だと言われていますし、結果として以前のセットと合わせて使えることで、規模の効果を享受し、また顧客にとっても発展性を提供できていたのですが、「創造」という言葉につられて、そうした強みを単なる「制約」とみなすことで自分を見失っていたのです。

多角化自体は間違いではありません。問題は、日本企業でもよく見られますが、「流行」を追いかけすぎ、「自社の原点、強み」をおろそかにすることなのです。なのに「自社には強みがあるから成功するだろう」と気づかないうちにスケベ心に支配されているのです。

「強み」とは、ある意味「制約」です。「強い」＝「何でもできる」ということでは決してなく、自分の土俵に上がったときに勝てる、逆にいえば自分の土俵に上がらなければ勝てないのです。そして、多くの芸術家も指摘するように、本来創造とは制約があってこそ生まれるのですが、それをいつの間にか忘れてしまうのです。

4　自分で考える――ルールや流行が奪う「バカ力」

本書では吉原先生が小耳に挟んだ「ポリコーとセンコーはやめておけ」という大変ショッキング（？）な話も登場します。要は「警官と学校の先生は、自分から頭を下げて人にものを頼むという経験のない人間である。そのため商売人にはとうていなれない」ということです。

おそらくもう1つ「ポリコーとセンコー（およびお役人および銀行員）」に共通するのは「ルールを奉って頭が固い」ということではないでしょうか。もちろん何でもありというわけではないですが、「ルールですから」という言葉を盾に、顧客の便宜を図ろうという発想が乏しいこともまた事実でしょう。

翻って、皆さんはどうでしょう？「ルール」あるいは「常識」という言葉に隠れて、本当にすべきことから逃げたり、あるいは目的すら考えなくなっていたりということはないでしょうか？　そのほうが楽だから。

ルールも常識も他の誰かが決めたものです。その意味でルールや常識に従うというのは実は「相手の土俵で戦う」ということに他なりません。

「自分の病状を説明する前に、この薬は前の患者に効いたからあなたにも効くはずだと医者に言われたらどう思うだろう」と、ハーバード大学のクレイトン・クリステンセン教授は指摘します。実は経営においてしばしば全く同じことが起こります。他社の成功事例を取り入れようという話です。「ベストプラクティス」「最新の経営手法」も同じです。そして、こうした「流行」は伝染病のように広まり、経営者の考える力（バカ力？）を奪います。

結局経営において「バカな」とは「人の言うことをうのみにしない」「自分で考える」ことと相当近いのではないかと思います。本書を貫くメッセージは「リーダーよ、楽をするな。自分の会社のことをよく見て自分で考えろ」ということではないかと思うのです。

［ケーススタディ］リスクの回避こそが最大のリスク

“Thinking is very hard work. And the management fashions are a wonderful substitute for thinking”（考え抜くことは大変な仕事だ。それに耐えられない経営者は、はやりに流されてしまう）とはピーター・ドラッカーの言葉です。「ルール」「流行」あるいは「常識」が本来の目的から離れて伝染すること、あるいは墨守されることはもちろん問題なのですが、同じくらい問題なのは、それによって「ルールに沿っていれば結果がどうなろうと自分の知ったことではない。逆に、ルールを破って何かして失敗したら、自分の責任問題になる」として、考えなくなること、リスクをとらなくなることです。

繰り返しになりますが、ルールや常識が「生きている」うちはいいのですが、時代や顧客が変わるうちに、いつの間にか陳腐化します。さらに問題なのは、「流行」しているものが必ずしもいいものとは限らないことです。「成功企業が導入しているのだからいい手法に違いない」かもしれませんが、そのまま使って失敗するのは、症状を聞かずに薬を処方する医者と同じです。そう言われると「えっ！」となるのですが、いかにこうした「一般的」な「最新の経営手法」がはやり、またそれに対するニーズが多いのかは驚くほどです。

ちなみに、ジャック・ウェルチも「ベストプラクティス」を取り入れろと強調していますが、最後に「常に改善を加えていく」ことの重要性を必ず加えています。また、多くの企業がGE流の人材評価・選別を安易に導入しようとすることに警鐘を鳴らし、「選別を可能とする前提となる率直さや信頼を醸成するのに、GEでは10年の歳月をかけた」と指摘します。

◆因果関係は相関関係と違う

前述のクリステンセン教授はむしろ『イノベーターのジレンマ』で有名ですが、彼がハーバードビジネスレビューの別の論文で指摘している点は経営者やコンサルタントだけでなく、我々研究者にとっても重要な意味を持っています（ちなみにこの論文は、毎年KBSでケロッグ、コロンビア、タックなどから来る交換留学生とKBS学生の双方が参加するUncertainty and Management in Organizationsというクラスで使っています）。

ここで指摘されている重要な点は、①因果関係を正しく理解することの重要性、そして②理論を常に進化させせようとする姿勢を持つこと、そのためには③理論の限界を知ること――の3つです。

特に「因果関係」については、単なる「相関関係」と混同している経営者やコンサルタントが多いことにも触れています。

一般にAがBを引き起こすという因果関係（causality）を証明するには、次の3つの条件が必要です。

(1) AがBよりも前に起こっていること
(2) AとBには相関関係（correlation）があること（Aが起これぱBが起こる）
(3) A以外にBに影響するものがないこと

AとBに相関関係が見られる場合、AがBの原因ではない可能性として、例えば次のような可能性があります。

①BがAの原因（reverse causality などと言われます。つまり、因と果が逆）
②AとBがお互いに影響している
③AもBも第三の変数の結果
④単なる偶然
⑤AはBの直接の原因ではなく、A→C→Bとなる

◆**前提条件次第で効果は変わる**

スタンフォード大学の大御所ジェフリー・フェファー、ロバート・サットン両教授は、

「われわれのクライアントは市場平均に比べ3倍の業績を上げている」というあるコンサルティング会社の主張に対して、「ほら吹きだ」と言い切り、「単なる相関関係にすぎない」「業績の良い会社だから大枚をはたいてコンサルティング会社を雇ったのでは?」「実際にその会社が業績に貢献したという証拠を見せろ」とかみついています。

もう1つ「よい理論」の重要な点は、「こういう条件では成り立つが、こういう条件では成り立たない」という「限界」がはっきりしていることです。ジャック・ウェルチが指摘するように、多くの場合「ベストプラクティス」が成立するためには「前提条件」があり、それによって効果は大きく変わるのです。逆に「これをしたら、どんな会社でもよくなる」ということを言っている本などがあったとすれば、それはほぼウソです。我々は、どうしてもそうした「万能薬」「一般的な成功要因」を求めがちですが、経営にとってそれは「禁じ手」であることを知るべきです。

吉原先生は「常識破りの戦略」「非常識な戦略で活路を開く」といった点を強調されておりますが、もう一押ししてもいいのではないかというのが僭越《せんえつ》ながら私の意見です。つまり「よい戦略は常識破りでなくてはならない」「非常識の戦略でなければ活路は開けない」ということです。ここまでお読みいただいた方は、「常識」がどのような意味で使われているかも十分ご理解いただいていると思います。

こうした話を講演などですると、時々こんな質問があります。

先生、いい話をありがとうございました。やはり、自分で考えるということが重要なんですね。ところで、そうした「自分で考える」ことができている会社の事例をご存じでしたら教えていただけますか？

9

『論語と算盤』

渋沢栄一著

――「日本実業界の父」の経営哲学

奥野慎太郎

（ベイン・アンド・カンパニー・ジャパン）

論語と算盤　角川ソフィア文庫、2008年／渋沢栄一

1　100年後も色あせない教え――「処世」「信条」「立志」

『論語と算盤』は「日本実業界の父」渋沢栄一氏の講演の口述筆記から90編を選び、10のテーマ別に編集して1916年に発行されました。明治から昭和初期までに470社もの会社を設立し、成功させた渋沢氏が貫き通した経営哲学を学ぶ入門書として、多くの人々に読み継がれています。

全体を貫く「精神と経済の両立」「利潤追求と道徳の調和」という思想は、サスティナビリティ（持続可能性）や企業の社会的責任（CSR）が重視される現在、古くかつ新しい示唆を与えてくれます。

本書はまず、処世の考え方を説いています。そこでは競争や逆境がもたらす価値を説きつつ、成り行きを見ながら気長にチャンスを待つことの重要性を指摘しています。また「忠《ちゅう》恕《じょ》」、すなわち良心的で思いやりのある姿勢を常に保つことが肝要とし、順風満帆に見えるときにこそ災いの種があると警告します。名声とは常に困難で行き詰まった日々の苦闘から生まれるものであり、失敗とは得意になっている時期にその原因が生まれるものであるとして、目先の名声や順境・逆境にかかわらず誠実に努力することを説いています。これは一貫した渋沢氏の教えです。

学問を修めるうえでも、努力の継続性と一貫性が重要です。社会でも学問でも、成果を焦っては大局を見落とし、わずかな成功に満足してしまうかと思えば、ささいな失敗で落胆することも少なくないとしています。

孔子は「吾、十有五にして学に志す、三十にして立つ、四十にして惑わず、五十にして天命を知る」と語り、進む道に確信を得るのに40年を要していますが、最初の志は15歳で得ています。大きな志を意識しつつ、小さな志を重ねることで、大きな志が実現するのです。渋沢氏は生涯に歩むべき道を見失わず、自らが信じて正しいと思うものを守るためには争いも辞さず、小さな努力を積み重ねて自らチャンスをつかめ、と教えています。

[ケーススタディ] 長寿と変身のDNA――企業存続の条件とは

『論語と算盤』の主張は、主に明治から大正にかけての、まだ日本の民間商工業が十分に育っておらず、また商工業よりも軍事や政治が尊いとされる傾向があった時代背景に基づくものですが、その教えは現在の日本においても色あせません。

例えば継続性と一貫性の重要性は、バブル崩壊後に苦境に陥った企業がその後低迷を続けたり、あるいは復活を遂げたりする歴史からも見て取ることができます。ベイン・アンド・カンパニーの調査によると、売り上げ500億円以上で50年以上の社歴を有する老舗上場企業のうち、1990年代に売り上げを減少させたものの2000年代に年率5％以上の成長を遂げた日本企業が22社ありました。

その内訳を見ると、特定の産業への偏りはあまり見られない一方、それまでの経営を改めて見直して従来の会社の志・コア領域に回帰したことで成功した会社や、厳しい環境下でも信じる道に地道に投資を続け、それが2000年代に花開いた会社が多いことに気づきます。

いくつか具体例をご紹介しましょう。

石油・ガスプラント製造の日揮は、主力市場であった東南アジアでの通貨危機による案件減少、受注競争の激化に伴う受注単価下落、円高による海外売り上げの減少などにより、90年代は年平均2・1％での減収となりました。

しかし同社は、日本の技術を生かした海外でのプラントの製造とそれによる日本のエネルギー問題への貢献という志を貫き、苦境にあった90年代に縮小均衡に陥るのではなく他社に先駆けて中東に進出、少しずつ築き上げた地盤とそのための努力が、2000年代の原油・

ガス需要の増大によって同地域でのプラント建設需要が拡大した際に大きく実を結びました。結果として同社の2000年代を通じた売り上げの年平均成長率は5・8%、営業利益率も90年に1%程度であったものが10%を超える水準にまで改善しました。

電動工具メーカーのマキタは、世界経済の悪化に伴う需要全体の伸び悩みに加え、主要国外市場の米国ではダンピング関税により売り上げが低迷、欧州でもボッシュ等との競争の激化により苦戦が続き、90年代は年平均0・7%で売り上げが微減していました。しかしながらそうした時期にでも、世界初のコードレス電動工具を発売、顧客フィードバックをもとにサービスの向上や商品開発を強化、新興国での生産体制を増強するなど、着実に投資を進めた結果、2000年代の電動工具需要の増加をいち早く取り込み、2000年代は年平均5・7%で売上高が大きく拡大しました。

ユーザーである電気工事業者にとっては生活の糧となるツールを作る同社は、経営が苦しいときもユーザーの声に真摯に耳を傾け、問題が起きたらすぐに解決する手厚いサポートを継続したことで、大きな成果を収めたのです。

◆ジョブズも基本に忠実だった――顧客の声を聞け

鉄鋼製品メーカーの大和工業も、日本市場の低迷に伴い、1990年代は年率1割以上のペースで大きく売り上げを縮小させました。2000年度の売り上げは90年度の3分の1以下という大幅な減収で、収益上も営業赤字に転落していました。そんななか、92年にタイ、2002年に韓国に子会社を設立し、地道に改善を重ねて安定生産を実現、また粘り強い営業活動を継続しました。その結果が2000年代になって花開き、2000年代を通じての年平均成長率は2割に達しました。

このように、企業経営においても、経営努力の中で徐々に勝ちパターンが見えてきたり、時代によって注力する地域、中心価格帯、技術などの戦術の変更が求められたりはしますが、長い目で見て成功をもたらすのは、一時の投機的な行動や他社へのネガティブキャンペーン、ダンピングなどの無理のある行動ではありません。

自らが顧客に対してどのように価値提供をできるのか真摯に考え、好況期でも放漫経営に陥らず、また苦境期においても将来への展望を見失わず、創業時の精神と大きな志を忘れずに継続的な経営努力をすることが、顧客からの支持を集め、持続的な成功をもたらすのです。

天才的なひらめきで消費者が考えもしない製品を世に送り出したかに見えるアップルのス

ティーブ・ジョブズでさえ、製品構想を練る際に消費者の動きをつぶさに観察し、アップルストアなどを通じて寄せられる顧客の声に真摯に耳を傾けていたというのも、よく知られた事例でしょう。

「吾、十有五にして学に志す、三十にして立つ、四十にして惑わず、五十にして天命を知る」という人生の時間軸とは多少異なる場合もあるかと思われますが、大きな志を忘れずに継続的に工夫や努力を重ねる、目先の名声や順境・逆境にかかわらずに誠実に努力することの重要性は、現在の企業経営にとっても変わらず必要とされる教えなのではないでしょうか。

2　健全なバランスが生む成長と利益――「常識」「富貴」「理想」

常識と習慣は普段あまり意識されない半面、私たちの人生に大きな影響を与えます。渋沢栄一氏は、健全な常識とは「智・情・意（智恵・情熱・意思）」の相互バランスによって成り立つと説きました。

どれか1つが欠けても極端に走ったり、感情的になったり、頑固になったりしがちです。人生においては健全な常識とともに中庸を保ちつつ努力を続けることが必要です。これを継続するうえでも青年の頃までに「自分に克つ」ための正しい習慣を身につけることが重要です。

健全な常識と習慣を忘れず、社会の基本的な道徳をバランスよく推し進めながら利益を追求すれば、手にした富や地位、手柄や名声は決して卑しいものではなく、そのための経済活動も仁義に反するものではないと、渋沢氏は力説しています。

「武士は食わねど高楊枝」という気風が残り、実業を蔑《さげす》む空気が残っていた明治期ゆえの指摘とも言えますが、富や地位を得た者を批判する風潮はいつの時代にもあるものです。金銭そのものに罪はありません。自分を愛するのと同じくらい社会を愛し、まっとうな生き方で得た金であれば、また単に使うだけ・ためるだけでなければ、よく集めよく使うことは孔子の教えにも反しません。

そして求められる道徳は、科学が進歩するようには変化しないものであり、昔の聖人や賢人の教えが今も活きる、すなわち今も論語は生きていて実業の基礎になる、と彼は説いています。

とはいえ、社会に貢献し、実業で成功するためには数々の困難を乗り越えねばならず、不断の努力が必要でしょう。それには熱い真心と理想が欠かせません。理解することは愛好することの深さに及ばず、愛好することは楽しむことの深さに及びません。迷信や雑音に惑わされず、毎日を新たな気持ちで楽しく取り組めば、自分の思う通りにならなくとも心から湧き出る理想や思いの一部は実現するでしょう。

［ケーススタディ］「ハゲタカ」の存在意義はどこにある

所得の不均衡や格差の拡大は社会不安を招き、大きな富を得たものには羨望や批判の声が集まりがちです。しかしながら、渋沢栄一氏の言うように、金銭そのものに罪があるわけではなく、富や地位、手柄や名声を得るものは、それなりの価値創造をしている場合がほとんどです。

「ハゲタカ」と批判されがちなバイアウト・ファンドも、そのまま見過ごせばなくなってしまう企業を再生して雇用を創出したり、必ずしも顧客から見て合理的ではないような事情で高くなっていたコスト構造を改善したり、その企業が本来強みを有していた分野や顧客に必要とされる分野に投資を集中させたりすることで、大きなリターンを得ようとする場合が少なくありません。

残念なことではありますが、従来の企業経営の中で、顧客価値からとてもかけ離れたようなところに無駄にお金が投じられたり、顧客価値に直結しないような硬直的な意思決定や業務プロセスから競争力を失ったり、あるいは一部の人の政治的な都合で常識（すなわち渋沢氏のいう健全な智恵・情熱・意思）では考えられないことが行われたりする例は、少なからず見受けられます。

私たちがコンサルティングのお手伝いをしているなかでも、ごくまれにではありますが、一部の方から「企業はもうけなければならないのか」「企業は成長しなければならないのか」という問いを受けることがあります。企業は不正を働いたり、顧客を欺いたりしてまで金もうけをすべきか、という問いであれば、当然答えは否ということになるのでしょうが、顧客からより支持を集める企業が成長し、収益をあげ、それを次のイノベーションに投資して、新たな価値を顧客に提供するという循環は、本来は社会にとって望ましいことであるはずです。

何らかの事情でそうした循環から外れてしまっていた企業を再び成長基調に乗せることができるのであれば、投資ファンドのような存在も批判されるべきものではないのかもしれません。やはりここでも、投資ファンドや企業の利潤追求そのものが悪なのではなく、「精神と経済の両立」「利潤追求と道徳の調和」が図れるかどうかが問われるべきなのではないでしょうか。

◆仕事に活きる「好きこそ物の上手なれ」

「理解することは愛好することの深さに及ばず、愛好することは楽しむことの深さに及ばない」という教えも、多くの仕事にあてはまるでしょう。「好きこそ物の上手なれ」ということわざもありますが、経営者であれ、エンジニアであれ、接客の仕事であれ、その仕事が好きで、それに寝食を忘れて没頭することが楽しい人は、それだけでも幸せでしょうし、結果的に何らかの成果を残すことができるでしょう。

逆に他人が羨むような地位や職業に就いた人でも、ある日もはやその仕事が楽しめなくなると、あとは苦痛であるかもしれません。海外の同僚と仕事の相談をしていると、アドバイスをくれた後の別れ際に"Have fun!"と言われることがあります。「楽しくやれよ」と直訳すると、残念ながらなかなかなじまないのですが、その言葉にはっとさせられたり、勇気をもらったりすることも少なくありません。

「仕事人」という言葉に込められたストイックさが表すように、日本人はともすると眉間にしわを寄せて苦行を積むことが美徳とされる傾向がありますが、よほどの聖人でもない限り、苦行と言えるような仕事は長続きしません。むしろその苦行が報われなかったときに、社会に対して不平不満を感じることになるかもしれません。

一方、どんな小さなものでも、目指すべき理想と楽しみをそこに見いだすことができれば、それが明日に向かって困難を乗り越える活力や現状を打開するアイデアを生み、現状に不満を持って道徳を乱すようなことに至らず、社会に貢献できる成果をもたらしてくれるのではないでしょうか。

3　士魂商才でM&Aに新風を――「人格」「修養」「算盤」「士道」

「精神と経済の両立」「利潤追求と道徳の調和」と並んで渋沢栄一氏が本書の中で強調するのが、人格とそれを磨き続ける修養の重要性です。人の真の評価は成功か失敗かではなく、いかに社会に尽くそうとしたか、そのために知らないことは知らないと素直に認め、謙虚に学ぼうとしたかによって下されるべきであり、そうした精神こそが人格であると説きます。

人格を磨くには忠信孝弟、つまり良心的で、信頼され、親兄弟を敬うことを基本に据え、自らの知恵や能力を磨くことが必要です。実際の行動を通じてこそ、精神を鍛え見識を磨くことができると渋沢氏は考え、自らそれを証明しています。

そうして人格を磨く者が行う商売は一個人の利益だけではなく、多くの人や社会の利益になるはずです。皆がお互いに商業道徳を尊重し、不正を行わないという強い意思で商売に励むことで、資本家による労働者の搾取とそれによる貧富の差の拡大再生産、過度な競争、独占といった資本主義の弊害も回避できるのではないか、というのが渋沢氏の考え方です。

こう考えれば、商工業にも武士道、つまり正義、廉直、義侠《ぎきょう》などを重んじる心は必要です。江戸時代に伝えられた孔孟の教えの誤解から明治期の日本では、「すべての商売は罪悪」という誤った先入観を持つ人が多かったようです。軍隊や政治だけでなく経済の強化が重要であると考えた渋沢氏は、商売そのものの社会への貢献を説き、「士魂商才」という武士道を重んじる日本人ならではの精神と経済の両立を目指したのです。

それによって、日本の強みを生かした産業奨励も可能となり、またすべての商業道徳の要とも言える「信用」を築き上げることができると、本書は説きます。研鑽《けんさん》は自らに求め、その還元は顧客や社会全体を目指すことこそが士道に基づく算盤（商売）であり、こうした商業道徳の進歩が、社会を豊かにするのです。

［ケーススタディ］「戦略」とは「計画」にあらず――強みを磨く経営

企業経営における「戦略」とは何でしょうか。

辞書をひくと、「ある長期的な目的を達成するために設計された計画」などとありますが、企業戦略は単なる「計画」ではありません。

ベイン・アンド・カンパニーが考える企業戦略の定義とは、「顧客に対して、競合よりも優れた価値提供をするための、自社固有のアクションの集合体」であり、「希少な経営資源の配分についての意思決定の集合体」であることです。企業活動とは顧客への価値提供であり、競争とは不毛なたたき合いではなく顧客にどちらが優れた価値を提供しているかで争われるべきであり、経営とはそのために自らの強みと差別化の源泉を見極めてそこに投資をし、それを継続的に磨き続けることです。

こうした考え方は、突き詰めれば本書に記された渋沢栄一氏の教えによく通じるところがあります。顧客や市場に対して良心的で、信頼されることを基本に据えて、自らが顧客に優れた価値提供をするための知恵や能力を磨くことで社会に利益をもたらす、これは「利潤追求と道徳の調和」につながるのではないでしょうか。

事業の買収・合併（M&A）においても同様の教えが当てはまります。単なる他社への追従や、財務的な利益の取り込み、「買わなければ誰かが買ってしまう」という焦りからの買収では、本当に高いリターンをもたらすM&Aは実現できません。自社の大きなビジョン・志は何か、その実現のための戦略は何かを明確にし、その中で必要なピースを埋め合わせるために行われるM&A、そしてまた買収する事業が自社に何をもたらすかだけでなく、買収する事業に対して自社がどのような付加価値を提供できるのかを明確にしたM&Aこそが、優れた成果につながるのです。

ベイン・アンド・カンパニーでは、2000年代に世界の大手企業約1600社が行った約1万8000件のディールを対象に、それが企業にどのようなリターンをもたらしたかを分析しました。それによると、2000年代に1件でもM&Aを行った企業の年率株主リターンは平均4・5%、1件も行わなかった会社のそれは3・3%と、平均値ではM&Aが企業価値向上に資することが証明された一方、M&Aを行った会社のリターンは、その頻度によって大きく差があることがわかりました。

◆日本人だから成功に導けるM&Aもある

すなわち、累積で自社の時価総額の75%以上に及ぶ規模のM&Aを行った企業のうち、

2000年代に10件以上（すなわち年間平均1件以上）のM&Aを行った企業の年率株主リターンは6・4%であったのに対し、同期間のM&A件数が10件未満であった企業の年率株主リターンは4・0%でした。

自社の戦略に沿って比較的小さいディールをこつこつと積み上げていった企業のほうが、いちかばちかの大勝負をやった企業よりも、1・5倍以上のリターンをあげていた、ということです。大きな志に沿って小さな志を積み重ねる、という渋沢氏の教えの有効性が、ここにも表れているのではないでしょうか。

また、買収後の統合（いわゆるPMI）を成功させるうえでも、「正義、廉直、義俠《ぎきょう》、敢為、礼譲」を重んじる心は必要です。「対等の精神」などのお題目だけではなく、統合する両社のトップが一枚岩となって共通の志と統合の具体的な原則（例えば人事は実力で決める、情報システムは片寄せする、人事制度は統合する、など）を掲げ、過度なおもんぱかりではなく率直に議論を重ねて、外部から見ても合理的でわかりやすい決定をした企業統合ほど、その後に大きな成果を上げています。

逆にこの「正義、廉直、義俠、敢為、礼譲」のバランスを欠いて、例えば一部の関係者への義俠心から正義・廉直にもとる計らいをしたり、経済合理性の観点から正義であっても礼譲を欠いた伝え方がされたり、義俠や礼譲の名の下に敢為（物事を困難に屈しないでやり通すこと）を要する決断（例えば製品や人事制度の統合）を回避したりすると、後々矛盾を残すことになり、狙った成果を上げにくくなります。

M&Aというと、いかにも欧米流の経営手法の代表例のように思われがちではありますが、実はこのように見てみると、「士魂商才のM&A」、すなわち武士道を重んじる日本人だからこそ成功させられるM&Aという考え方も成り立つのではないでしょうか。

4 「やりたいこと」は天から降ってこない――「教育」「成敗」「運命」

人が精神や見識を磨くうえで、教育や人との出会いは最も重要です。渋沢栄一氏も本書の中で、人が成長し成功するためには、よい師匠に接して自分の知識と心の両面を磨くこと、名前を売るためではなく自分を向上させるために学ぶことが必要であると説きます。

思想教育中心だった江戸時代と異なり、現代教育は科目数が多く、その知識の習得に追われ、人格や常識を身につける時間がなくなりがちです。軍隊のように上官の命令を待つのではなく、自らチャンスをつかまなければならない実業の世界では、知識だけでなく、人格や規律、道徳や正義がより必要なのです。

人に頭を下げることも学ぶ必要があります。知識だけ詰め込み、下積みの仕事をしたがらなくなるようでは意味がないのです。学問をすれば誰でも偉い人物になれる、と妄信し無目的に学問をしてはならない、と本書は警鐘を鳴らします。

学問も仕事も努力に終わりはなく、気を緩めるとすぐ荒れてしまいます。一方、愉快に仕事ができれば、忙しくとも苦痛を感じず、事業が成功し、社会の役にも立ちます。そのためには天から運よくよい仕事が来るのを願うのではなく、それぞれが自分の仕事の中に楽しみと喜びをみつけるべきである」と、渋沢氏は諭します。

人事を尽くして天命を待つ、天から降ってくる運命には恭・敬・信（礼儀正しく敬い、信頼する）の態度で臨むべきです。何が天命で天命でないかを人が勝手に論評しても意味がありません。

成功や失敗は努力した人の身体に残るカスのようなもので、一時の成功や失敗は長い人生における泡のようなもの。順境や逆境、成功や失敗といった概念から抜け出し、潑剌《はつらつ》としたチャレンジ精神を養い、正しい行為の道筋に沿って自己研鑽と行動を続けるなら、価値ある人生を送ることができる。それが渋沢氏が生涯を通じて実証してきた思想なのです。

［ケーススタディ］不遇を嘆くより、独自の価値を磨け

すでに述べたように、渋沢栄一氏は実業に臨む者に対して「天から運よく良い仕事が来るのを願うのではなく、それぞれが自分の仕事の中に楽しみと喜びをみつけるべきである」と説きました。企業経営においても自らの置かれた業界の不遇を嘆いたり、他にもっと魅力的な事業領域を求めたりすることよりも、その業界で顧客に対していかに競合より優れた価値を提供するかが重要です。

ベイン・アンド・カンパニーでは、1992年からリーマン・ショック直前の2007年までの15年間に、金融、航空宇宙、小売り、製薬、自動車、半導体などの9つの業界の大手企業各社の年率換算株主リターンを分析しました。

そうしたところ、業界平均の株主リターンは最も高かった業界で約17％、最も低かった業界で約2％と、15％ポイント程度のギャップであったのに対し、各業界の中で最も株主リターンが高かった会社と低かった会社のそのギャップは平均して約16％ポイント、最もギャップの大きかった業界では、その差は39％ポイントにも及ぶことが明らかになりました。

言い換えれば、ある企業の業績（ここでは株主リターン）のうち、所属する業界全体の好不況によるものは2割程度であり、業績の8割はその業界の中で企業が何をしたかで決まる、

図9-1　各産業と個別企業の業績分布

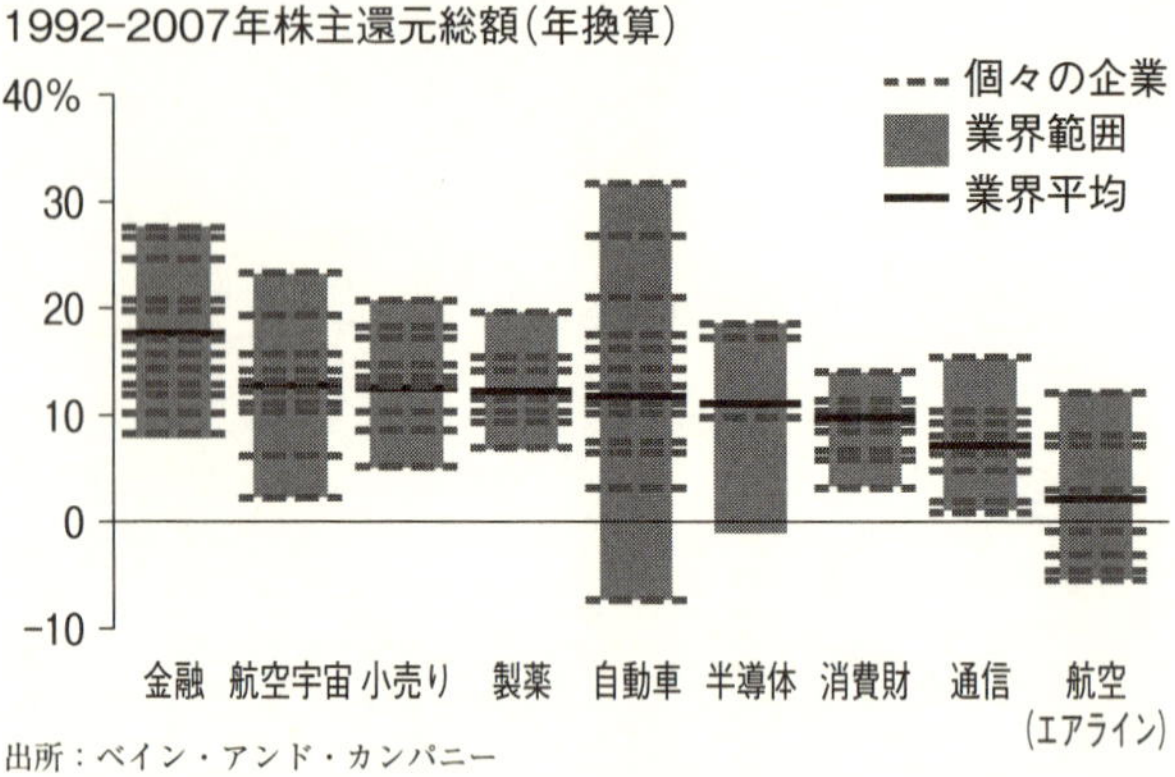

出所：ベイン・アンド・カンパニー

ということです。すなわち、「どこで戦うか」より「どう勝つか」が重要であるということを、この分析は示唆しています。

自らが競合に対して差別化された価値を顧客に提供できるコア領域を明確に定め、そこで競合を上回る実行力を発揮し、競合を上回る投資を行い、より高いリターンを創出して、さらにそのコア領域に再投資して競合を引き離すことで、顧客・市場・社会に対する優れた価値提供を持続的に行い、持続的で高い収益成長を実現できるのです。

◆眼前のチャンスを逃さない――仕事に楽しみと喜びを

自らのコアは何か。それは必ずしも市場や製品からのみ定義されるものではありません。自社の差別化の源泉となる強みや資産は何かということも、明示的に議論され、定義される必要があります。市場の短期的なはやり廃《すた》りや競合の戦略に惑わされず、自らが超然と寄って立ちチャレンジ精神を発揮できる礎となるもの、自らがこだわって徹底的に磨き続ける強みは何か、ということです。

ベイン・アンド・カンパニーでは、膨大な企業研究から、そうした企業の差別化の源泉を15の類型にまとめています。

世の中の成功企業の強みは、これらの15の差別化源泉のうちのいくつかの組み合わせで成り立っています。突き詰めれば企業経営とは、他社を圧倒するこだわりを持ってこれらを磨き続けることに人事を尽くし、あとは天命を待つ、ということなのかもしれません。そうすれば、社会に本当に必要とされ、信頼される企業として、いつまでも称賛され続けるのではないでしょうか。

企業経営そのものですら、そうした地道な努力の積み上げで成り立つものなのですから、そこに参加する個々のビジネスパーソンが目的を持って学問に励み、またいかに優れた教育を受けようとも、人格や規律、道徳や正義の重要性を忘れずに、ときには人に頭を下げ、下積みの仕事から結果を出すことに専心すべきであることは、言うまでもありません。

図9-2　15種の差別化の源泉

経営体制

資産運用、金融	M&A、合弁、提携	規制管理	事業戦略、優先事項の推進	人事管理、社風

業務ケイパビリティ

サプライチェーン、流通	生産、業務	開発、イノベーション	ビジネスパートナーの参画	顧客関係

独自の資産

有形資産	事業規模	技術、IP	ブランド	連結顧客ネットワーク

出所：ベイン・アンド・カンパニー

自分の本当にやりたいことがなかなか見つからない、という方もいるでしょう。しかしながら渋沢氏の教えは、「自分のやりたいこと」が天から降ってくることを待つのではなく、目の前のチャンスに対して心をこめて努力し、それぞれが自分の仕事の中に楽しみと喜びを見つけることで、おのずと成功がもたらされるということを、我々に伝えているのではないでしょうか。

10

『木のいのち木のこころ』

西岡常一、小川三夫ほか著

——欠点から長所は生まれる

森健太郎

（ボストンコンサルティンググループ）

木のいのち木のこころ——天・地・人　新潮文庫、2005年／西岡常一、小川三夫、塩野米松

1　素直な木は弱い――癖と個性を生かせば強くなる

世界最古の木造建築、法隆寺。その「昭和の大修理」をはじめ、薬師寺金堂・西塔などの再建を棟梁《とうりょう》として手掛けたのが宮大工・西岡常一《つねかず》氏です。

『木のいのち木のこころ』は西岡氏とその唯一の内弟子、小川三夫氏らが人の育て方と生かし方、職人の心構えなどについて語ったのを塩野米松氏が聞き書きでまとめた名著です。一流を目指す人、チームを率いる人にお薦めで、愛読する経営者も少なくありません。

今も法隆寺の五重塔が、ゆるみ・ゆがみなく、そびえ立っていることに感銘を覚えます。西岡氏によると、その秘密はヒノキにあります。日本の風土に合って湿気に強く、香りがよい。細工がしやすく、長持ちする。法隆寺の塔の瓦を外して下の土を除くと、次第に屋根の反りが戻り、鉋《かんな》をかければ品のいい香りがするそうです。千年以上の樹齢のヒノキであれば、建材としても千年以上の命があるそうです。

その中でもまっすぐで癖のない木を選んで精密な加工を施したから、1300年経っても立派に建っている……のかと思いきや、どうもそう単純ではないそうです。

西岡氏いわく、癖のない素直な木は弱い。力も弱く、耐用年数も短い。逆に、癖の強い木ほど、厳しい環境で育っただけに命も強い。例えば、西からの強風にさらされた山の斜面で育った木は東にねじれる。元に戻ろうという強い生命力が働き、それが癖となる。

左にねじれを戻そうとする木と、右にねじれを戻そうという木を組み合わせると、癖と癖ががっちりかみ合って、建物全体のゆがみを防ぐとともに、時間が経つにつれてより締まって強固になるのだそうです。

「塔堂の木組みは寸法で組まず木の癖で組め」。法隆寺の棟梁家に伝わる口伝です。癖と個性を排除するのではなく、生かし組み合わせることで時代を耐え抜く建造物を生む。組織経営に通じる名言です。

［ケーススタディ］「職人」「プロ」として道を究めるためには

コンサルティング業界の門を叩いてから、20年以上になりました。コンサルティングの世界も、『木のいのち木のこころ』で語られている宮大工の世界と似ているところがあり、職人、プロとして道を究めるというのは、どの世界でも同じだなと、改めて思います。

私はこれまで、経営者が書いた本に加えて、全く異なる世界で活躍されている一流の方々の書籍から、多くの刺激を受け、学ばせていただいてきました。宮大工の西岡氏・小川氏が語る『木のいのち木のこころ』もその1冊です。本書についてはこれからご一緒にじっくり読み進めていきたいと思いますが、ここでは、将棋の世界から2冊ご紹介します。

(1)谷川浩司著『集中力』（2000年）

21歳の若さで史上最年少の名人位を獲得され、後に永世名人（十七世名人）となられた谷川浩司氏の著書の1つです。ちょうど30歳になった頃に読み、大きな刺激を受けました。

まずは、2つ、心に強く残った言葉をご紹介しましょう。

①実力の伸びには30歳の壁がある

「将棋の世界でも、30歳という年齢は一つの分岐点となっている。多くの棋士たちが、30歳を過ぎた頃に淘汰され、一つの世代で生き残るのは一人か二人なのだ。本当に強いのか、勢いだけで勝っているだけなのかが、そこでわかる」

②技術だけでは乗り越えられない

「20代の棋士には、将棋は技術がすべてと考え、毎日6～8時間も、将棋の勉強に打ち込む者も珍しくない。しかし、（中略）将棋の強さは、技術の占める面も大きいのだが、技術を100パーセント出すには、その人の奥深さが必要である。（中略）言い換えれば、将棋の研究以外に何かをプラスアルファできないと勝ち続けていけない。その意味で、30代に人間としての厚みを増さないと、40代、50代と長く勝ち続けていくことは難しいのである」

20代の頃は、極論すると、無我夢中に頑張ってさえいれば、人間誰でも成長するものです。ぬるま湯の環境だとさすがに成長は鈍化しますが、それなりにチャレンジングな環境であれば、どの業界、どの企業、どの部門で働いていようが、大差はありません。

ただ、30代に差し掛かると、成長を続ける人と、伸び悩む人に分かれていくように思います。その分かれ目の1つは、自分の専門領域での深い知識に加えて、いかに視野と経験、人間としての幅を広げていくことができるかにあると思っています。高い頭脳と技術が求められる将棋の世界においても同様というのが、大変示唆深いです。

もう1つご紹介します。

③30代で必要なことは、自分を知ること

「後輩たちは常に新しい感覚を持って出てくるので、その感覚や考え方をうまく取り入れなくてはいけない。と同時に、あまり取り入れようとすると自分を見失ってしまうことにもなる。対応するには、自分の長所は何か、短所はどこになるのかを分析し、その上に立って、独自の武器を持つことが大切だ。（中略）言いかえれば、30代は、自分探し、自分を発見する旅である」

ここでは30代の話を3つご紹介しましたが、それ以外にも、「人マネだけではトップになれない」「充実した気力は勝運を呼び込む」「現状に満足して冒険しなくなると、勝てなくなる」「優勢な時ほどミスは生じる」……などなど、参考になる内容の多い一冊です。

◆リスクなきところにリターンなし、ごちゃごちゃ考えない

(2)羽生善治著『決断力』（2005年）

1996年に将棋界始まって以来の「七冠」を達成された、羽生善治氏の著作の1つです。経営とコンサルティングに通じるところも多く、参考になります。

①勝負では、自分から危険なところに踏み込む勇気が必要である

「将棋では、自分から踏み込むことは勝負を決める大きな要素である。逆に相手に何もさせたくないからと距離を十分に置いていると、相手が鋭く踏み込んできたときに受けにまわってしまい、逆転を許すことになる」

リスクなきところにリターンなし、攻めは最大の防御なり、まさにビジネスの基本ですね。「守り」も大事ですが、「攻め」の気持ち、「攻め」の経験を忘れてしまうと、組織も個人もダメになっていきます。100戦100勝はあり得ませんから、「攻め」の経験は「失敗」の経験と表裏一体で、失敗経験が少なすぎる企業・組織は要注意です。

②ごちゃごちゃ考えない

「勝負どころでは、あまりごちゃごちゃ考えすぎないことも大切である。（中略）簡単に、単純に考えることは、複雑な局面に立ち向かったり、物事を推し進めるときの合い言葉にな

ると思う。そう考えることから可能性が広がるのは、どの世界でも同じであろう」

コンサルティングの世界でも、「優れた戦略は、シンプルである」と言われます。経営は実践、実行ですから、現場のオペレーションなどの細部の考察は不可欠ですが、大きな考え方と方針は骨太であることが重要です。

余談ですが、私が昔プロジェクトマネジャーになった頃、あるパートナーからこんなアドバイスをもらいました。

「プロジェクトの終了1カ月前に差し掛かったら、一人でめちゃくちゃ時間を使って最後の提言を考えろ。そのときは、それまでに集め、作成した資料、分析を一切見るな。その時点までに自分の頭に残っていることが、大事なこと。それ以上細かいことは枝葉であり、あとで確かめればよい」

さて、最後にもう1つだけご紹介して終わります。

③定跡にも間違いもある

「将棋には、いわゆる『定跡』というものがある。（囲碁では『定石』というが、将棋の駒は石ではないので『定跡』という）。（中略）十年前、二十年前に定跡といわれていたものが、実は間違いだったということが多くある。鵜呑みにしないで、もう一度自分で、自分の判断で考えてみることが、非常に大事である」

業界の常識、我が社の常識についても全く同様でしょう。成功してきた業界、成功してきた企業ほど、かつての成功の方程式が「常識」として強固に確立されているものです。時代の変化とともに、時代遅れになっているものはないか、点検が必要です。

2 「超二流であれ」「マイナス思考を持て」——名将に見る逆張りの経営論

法隆寺に代表される飛鳥建築の時代、山に入って木を選ぶことは宮大工の棟梁《とうりょう》の大事な仕事でした。

「木を買わず山を買え」。法隆寺の棟梁家に伝わる口伝の1つです。「木は生育の方位のままに使え」と続きます。山の南斜面でたくさんの日を浴びて育った木は建物の南側で使うと力を発揮し、北斜面で積雪に耐えて育った木は北側で使うとよいといいます。

棟梁は山に入り、様々な木を見ながら、これはこういう木だからあそこに使おう、これは右にねじれているから左ねじれのあの木と組み合わせようという具合に選びます。要は適材適所。万能の木はありません。

選んだ大木を運ぶだけでも一苦労でしたが、加工も大変です。縦挽きのノコギリがなく、楔《くさび》を打ち込んで木を割り、一つひとつ柱や板を作っていました。西岡氏によれば、法隆寺の部材には1つとして同じものはないそうです。不ぞろいの部材でできていながら、全体として調和がとれているのです。

癖と個性のある木を加工し不ぞろいの部材を現場で組み立てるのは、これまた癖ある職人たちです。ここがまた棟梁の腕の見せどころ。口伝は続きます。

「百工あれば百念あり、これを一つに統《す》ぶる。これ匠長《しょうちょう》の器量なり」。それに続くのが西岡氏がお気に入りの口伝です。「百論をひとつに止めるの器量なき者は謹み恐れて匠長の座を去れ」。多くの職人をまとめられなかったら、棟梁の資格はない、自分から辞めなさいと言うのです。木と職人の癖や個性という「多様性」を生かし、まとめることが棟梁の最大の役目なのです。

日本の社会は同質性が高いと言われますが、「木」を扱う文化の中枢で「多様性」を前提とした思想が育まれてきたことには感銘を覚えます。組織の上に立つ者として、その重要性を改めて考えさせられます。

［ケーススタディ］チームスポーツに学ぶ「強い組織」の作り方

経営もコンサルティングも、大工と同じチームスポーツ（団体競技）です。個々人の能力に加えて、チームづくり、チーム運営の巧拙が、組織のパフォーマンスを大きく左右します。チームづくり、チーム運営については、私は、経営書よりもむしろチームスポーツ、特に野球について書かれた本から、いろいろとヒントを得てきました。姉妹書にあたる日経文庫『リーダーシップの名著を読む』で、アメリカの大リーグでの球団経営の革新を描いたマイケル・ルイスの『マネー・ボール』を取り上げていますので、ご興味のある方はそちらもご覧いただければと思います。

日本のプロ野球について書かれた本の中では、野村克也氏と落合博満氏の著作が特に好きで、多くの気づきをいただいています。いくつかご紹介しましょう。

①「中心なき組織は機能しない」

「強い組織づくりには、中心となる存在が絶対に欠かせない。チームが機能するか、破綻するかは、中心選手にかかっている。」野村克也氏の言葉です。プロジェクトチームなどを組成する際に、核に誰を持ってくるかをまず固めるというのは、皆さんもご経験があるでしょう。単に技量が優れているだけでは駄目で、「チームの鑑《かがみ》」となることを期待されます。中心選手が野球に対して真摯に向かい合い、練習中はもちろん、私生活においてもしっかりと自分を律し、真剣に取り組んでいる姿を見れば、他の選手も自然と見習うようになり、それだけでチームは正しい方向に進むそうです。

野村監督というとデータを駆使したID野球のイメージが強いかもしれませんが、著書を読むと「人間教育」を大変重視されていることがよくわかります。一流選手はみな、親孝行だそうで、親を大切にしない選手が一流になれるわけがないし、選手個々人の人間性が形成されていなければフォア・ザ・チームの精神など根付くべくもないと語っています。

②「超二流」の大切さ

元楽天ヘッドコーチの橋上秀樹氏によると、野村監督は選手を「超一流」「一流」「超二流」「二流」と分類していたそうです。「超一流」は王やイチローのような何十年に1人いるかという選手、「一流」は一軍のレギュラーが務まる選手を指します。

では、「超二流」はというと、レギュラーにはなれないけれども、一軍で通用するための武器を「最低2つ以上」持っていて、試合終盤の大事な場面で起用したくなる選手です。例えば、送りバントや守備の名手など。「一流の脇役」と言ってもよいかもしれません。

なるほどと思うのは、一軍で通用するための武器が1つでは駄目で、最低2つ以上必要だという点です。脇役とはいえ、28人という限られた一軍登録メンバーの中で役割を果たそうとすると、武器が1つでは使い道が狭すぎるということでしょうか。

野村監督は、中途半端な一流よりは、とことん超二流を目指すことこそ、プロ野球選手として長く活躍するための秘訣であると説きます。

③「ミス」は叱らず、「手抜き」は叱る

落合監督は、選手の「ミス」を叱らないそうです。なぜなら、野球には失敗はつきもので（例えば、一流の打者ですら、10回打席に立って6、7回は凡打に打ち取られる）、失敗を恐れて無難なプレーに終始してしまうと、チームは勝てないからです。落合監督のようなスーパースターだと、選手時代の自分よりも見劣りする選手たちに対して、いろいろと口を出したくなるのが世の常ですが、その忍耐力に感嘆します。

その一方で、「手抜き」によるミスをした、つまり、自分のできることをやらなかったときは、仮に試合の勝敗とは直接関係なくても、コーチや他の選手もいる前で叱責するのだそうです。こうして叱られるのは、レギュラークラスの選手のほうが圧倒的に多いといいます。1人の「ミス」はチームでカバーできるが、「手抜き」を放置するとチームには致命的な穴があくというのが、落合監督が勝負の世界で得た教訓なのだそうです。

④マイナス思考

野村監督によると、名監督と呼ばれた人の中にプラス思考の人はいないそうです。試合における監督の仕事とは、突き詰めれば「危機管理」で、従ってマイナス思考であるべきだといいます。落合監督によると、長嶋監督もそのイメージとは裏腹に、真の姿はネガティブ思考の塊で、常に「このままでは勝てないのではないか」と心配していたそうです。

ビジョナリー・カンパニーでコリンズが、「企業経営において最も避けるべきは、根拠なき楽観主義である」と戒めていますが、同様の思想を感じます。

私も常々、プロジェクト運営には5つのマネジメントが必要と思っています。コンテンツ・マネジメント、プロセス・マネジメント、クライアント・マネジメント、チーム・マネジメント、リスク・マネジメントです。この中で最も身につけるのに時間がかかるのが、リスク・マネジメント、すなわち危機管理です。

⑤孤独に勝てなければ、勝負に勝てない

落合監督の言葉です。

「本来なら味方であるはずのファンやメディア、場合によっては選手をはじめ、身内からも嫌われるのが監督という仕事なのだと思う。嫌われるのをためらっていたら、本当に強いチームは作れない。本当に強い選手は育たない」

野村監督も、監督とは孤独な職業であり、それは監督の宿命と言います。

「組織はリーダーの力量以上に伸びない。プロ野球における現場のリーダーは監督であり、監督次第でチームはよくもなるし、悪くもなる。チームというものは、監督の器、そして品格を表すものである。

監督は自分自身に負けてはならない。言い換えれば、『克己心』のない人間には監督は務まらない」
プロ野球選手として、監督として、頂点を極めた両氏の言葉だけに、重みがあります。

3 「不器用」が強みになる――頭でっかちはいらない

宮大工は体で覚え、手に記憶させる仕事です。頭で覚えただけでは何の役にも立ちません。大きな柱を前に手と体が思い通りに動かなくてはならないのです。

では、手先の器用な人ほど大成するかというと、そうでもないそうです。「器用な人は器用に溺れやすい」。西岡常一氏の唯一の内弟子で、後に多くの弟子を育てた小川三夫氏は言います。物覚えが早い人は、何をさせても一通りはできるが、ずば抜けたものがない。ある程度のレベルまで難なく到達するため、仕事を甘く見てしまう。器用な人ほど、耐えるのが苦手とも言います。

西岡氏によれば、「不器用の一心に勝る名工はいない」そうです。一つひとつ納得いくまでやって階段を昇る。体が時間をかけて覚え込む。いったん身についたら、今度は体がウソを嫌う。

プロ野球の落合博満氏も著書『采配』（2011年）で似たようなことを言っています。飲み込みの早い人は忘れるのも早く、指導者の悩みの種になっているそうです。自分が不器用だと自覚している選手ほど何度も反復練習し、身につけた技術を安定して発揮し続ける傾向が強いそうです。

話を宮大工に戻すと、基礎の段階ではある期間、ただただ浸りきることが大事といいます。寝ても覚めても仕事のことしか考えない。1つのことに打ち込むことで人間は磨かれる。理屈や知識はいらない、むしろ、邪魔だそうです。素直な気持ちで、言われた通りにまずはやってみる。素直で自然体な中から、道が見つかると説きます。

経営や私が携わるコンサルティングはどうでしょうか。これらも学問ではなく「実践」、つまり頭よりも「体で覚える」職業だと思っています。ハウツー本をいくら読んでも、「それは知っています」では何の役にも立ちません。若いうちは、頭でっかちの器用さに溺れず、まず手を動かし、没頭することが、成長には不可欠でしょう。

［ケーススタディ］「同質」より「多様性」——新しいことを恐れるな

「堂塔の木組みは木の癖で組め」「木の癖組みは工人たちの心組み」。私が『木のいのち木のこころ』に興味を持つきっかけとなった言葉です。

私が所属するボストン コンサルティング グループ（BCG）にも「多様性からの連帯」というモットーがあり、相通じるものを感じました。コンサルティングも宮大工と同様、チームスポーツのようなもので、「同質による連帯」では決して強くなれません。異質が集い、切磋琢磨し、クライアント支援という共通の目的に向かって1＋1＝2以上の総合力を発揮するというのが、基本モデルです。

ここでは、BCG社内で「多様性からの連帯」が実践されている例をいくつかご紹介したいと思います。

①採用時にバックグラウンドは問わない
経営コンサルティングと聞くと、大学で経営学や経済学を学んだ人を多く採用しているのだろうと思われるかもしれませんが、実は、学部は様々です。文系・理系問わず、幅広く採用しており、むしろ新卒の採用だと理系の学生のほうが多いくらいです（私も物理学部出身です）。弊社が求めているのは、特定の知識ではなく、コンサルタントとしての適性と将来性で、経営や経済の知識とコンサルタントとしての適性・将来性は、全く関係がないからで

す。

では、何を見ているのかというと、思考の深さと柔軟性、コミュニケーション能力、自主性と行動力、謙虚さに立脚した向上心、相手を思いやる心、修羅場を乗り越えてきた経験などです。

②入社当初は多様なプロジェクトを経験してもらう

コンサルタントにとって深い専門性がますます重要になっています。弊社でも、プロジェクト・マネジャーやパートナーになると、特定の業界やテーマに絞って研鑽を積んでいきます。ただし、新入社員に対しては、急いで専門領域を絞らせることはせず、あえて多様なプロジェクトを経験させます。その狙いは2つあります。

弊社はコンサルティングファームであるとともに、将来の経営者を育成し輩出する「経営者育成機関」であると、自社の社会的使命を位置づけています。経営者に求められる能力は多岐にわたりますが、変化の激しい時代にますます重要性を増しているのが、これまでに直面したことのない局面、馴染みのない課題に対応する力だと考えています。

そのような局面に直面した際に、「嫌だな、苦手だな……」と逃げ腰になってしまうのが人間心理ですが、「さあ、オレの出番だ！」とアドレナリンが出て、前向きに取り組めるかどうか。若いうちに、苦手意識のあることを含めて多様な経験をさせることで、新しいこと、直面したことのないことに果敢に取り組む姿勢を、体に染み込ませていきます。

◆一匹狼はいらない――「卓越した個」によるチームワーク

もう1つの狙いは、その過程を通じて、自分がどのようなタイプのプロジェクトに向いているのか、言い換えれば自分ならではの活躍の場を見つけていくというものです。「自分の強みは何なのか」というのは簡単なようで難しい問いで、入社当初に自分で勝手に思い込んでいることと、本当の強みは別のところにある場合もしばしばあります。

③基礎が固まったら、個性を引き出していく

入社すると、まずはコンサルタントとして最低限必要とされる能力やスキルの習得が求められます。いわば、プロ野球選手として最低限必要な基礎体力やスタミナの習得のようなものです。

それが達成されると、あとは、偏差値のような画一的な評価ではなく、個々のコンサルタ

ントの強みと個性を引き出し、どのようなタイプのコンサルタントとして育て上げていくべきかを徹底議論します。野球に例えるならば、投手として育てるのか、将来の四番打者として育てるのか、守りの要として育てるのかといった具合です。従って、減点主義でなく、加点主義であり、人事会議の議論の時間の大半は、評価よりも育成、弱みよりも強みに割かれます。

④昇進スピードには幅がある

入社時のバックグラウンドが多様であるだけに、昇進のスピードも様々です。興味深いのは、飲み込みが早くとんとん拍子で昇進していったコンサルタントが、最後まで先頭を走るかというと、そうでもないことです。逆に、不器用で、一つひとつ時間をかけながら自分のものにしていくようなコンサルタントが、1~2回目の昇進は多少時間がかかるものの、プロジェクト・マネジャーになった頃からメキメキと力をつけて追い抜いていくといった例も珍しくありません。コンサルティングも野球や宮大工と同じく、（頭に加えて）体で覚える職業なので、早道や近道はなく、愚直に真面目にやってきた人が最後は頂点を極めていきます。『木のいのち木のこころ』で西岡氏が言うように、まさに「不器用の一心にまさる名工はなし」「器用は器用に溺れる」です。

⑤多様な働き方：皆で支え合う

コンサルティングは、一流企業の難しい課題を扱うだけにハードな職業と言えますが、子育てと両立しながらキャリアを究めたいというコンサルタントがますます増えています。これは女性に限ったことではなく、イクメンを含めてです。ＢＣＧでは、通常の育児休暇制度に加えて、一定期間、勤務時間を60％に低減して働く制度など、諸制度の整備を図ってきました。子育てをしながら働く女性のプロジェクト・マネジャーも増えてきました。

ここで大事になってくるのが、制度もさることながら、チームとして皆で支え合おうという意識です。あるパートナーが、子育て中の若手プロジェクト・マネジャーを支える。その何年後かに別のパートナーが親の介護を背負い、今度はそのプロジェクト・マネジャーが支える番になるかもしれない。こうした相互信頼と相互サポートが大切だと思っています。

チームスポーツの勝利の方程式は、「卓越した個」による「チームワーク」と言えましょう。外資系コンサルティングファームというと、実力主義、Up or Outといった言葉から「卓越した個」を最重視した経営をしていると思われるかもしれません。確かに「卓越した個」は必要条件ですが、チームで仕事ができない一匹狼は弊社に居場所はありません。

4 未熟なうちに任せる——人を育てる極意とは

「この塔が千年持つやろか」。棟梁として再建を手掛けた薬師寺の西塔が完成したときの心境を、西岡常一氏は振り返ります。「地震でも来て崩れはせんやろか」「もしそないなことになったら自分の腹切らななららん」。千年は生きる建物を作るのが宮大工の仕事で、これから時間の試練を受ける。

このような鬼気迫る心境ですから、西塔が完成して多くの人から見事だと褒められても、うれしくなかったそうです。三百年後にしっかり建っていたら、初めて安心できるのだと。

脱線しますが、プロ野球の王貞治氏も「結果を残してきた人ほど不安と戦ってきたはずだし、恐怖心を持っていない人は本物じゃない。その怖さを打ち消したいがために練習するんです」と語っています（『Ｎｕｍｂｅｒ』７５１号、２０１０年４月１日発売）。人に褒められて満足し、ホッとしているようではまだ二流、ということなのでしょう。

宮大工の修業は長く、10年かけて親方から叱られつつ基礎を学び、次の10年で親方から独立して自分なりの技を磨き、40歳になってようやく技も体も心も全開を迎えるそうです。私の携わるコンサルティングでも、同じような時間軸です。10年くらいでは一人前とはいかない。道を究めるのに重要なのは、「時間の重さに負けないこと」だと弟子の小川三夫氏は語ります。

弟子入りして10年、親方から独立する最後の仕上げは、現場の責任を負って立つことです。責任が人を育て、立場が人を作る。難しいのが任せるタイミングです。その人が完成してから任せるのでは遅すぎる。未熟なうちに任せなければならない。「親方がやれというなら、俺もできるかもしれない。命懸けでその期待に応えよう」。このタイミングを見定め、賭けるのだそうです。

「任せる時が遅かったら、人は腐るで」。ビジネスの世界も同じです。

[ケーススタディ]「向上心」より「野心」を持て――一流と二流の違い

一流になりたい。本書をお読みになっていらっしゃる皆さんは、そのような向上心をお持ちの方が多いのではないでしょうか。私も、まだまだ発展途上のコンサルタントとして、一流とは何か、二流との違いは何か、一流になるには何が必要か、などと、コンサルティング業界の門を叩いてから20年間、常々考え続けてきました。

本章の締めくくりに、第1節と第2節で取り上げた将棋の羽生善治氏・谷川浩司氏、プロ野球の野村克也氏・落合博満氏の諸著作、コンサルティング業界での私自身の経験や観察などから、一流になるには何が必要かについて考えてみたいと思います。

①高い目標と大志

落合博満氏が、『采配』（2011年）の中で示唆深いことを言っています。

「一流選手へのステップのひとつとして、多くの選手は打率3割をクリアしようと奮闘する。私自身の経験、あるいは他の選手の取り組みを見ていても、3割という打率を叩きだすのは容易ではない。（中略）これまでも何人もの選手が、3割の壁に跳ね返されたままユニフォームを脱いでいる。だが、3割を超えられない選手の傾向を分析すると、3割を目標にしているケースがほとんどである。一方、3割の壁を突破していく選手は、一度も3割をマークしていないにもかかわらず、3割3分あたりを目指している。（中略）『達成するのは不可能じゃないか』と自分でも思えるような目標を設定して初めて、現実的に達成可能な目標をクリアできるのだ」

落合氏は、向上心よりも「野心」を抱くべきと言います。クラーク博士の言葉「少年よ、大志を抱け（Boys, be ambitious）」を思い出します。時代を超える真理ではないでしょうか。

②10年の時間の重さに負けない

『木のいのち木のこころ』の共著者で、自ら興した宮大工の工人の集団、鵤《いかるが》工舎《こうしゃ》で何十人もの弟子を育てた小川三夫氏によると、宮大工として一人前になるには10年かかるといいます。将棋の羽生善治氏も、プロ野球のイチロー選手も、子供の頃に始めてからプロとして一人前になるまで、10年以上かかっています。

小川氏によると、20代は親方に怒られながら基礎を学び、30代は世の中に触れながら自分を磨き、40代にして技も体も心も全開になるそうです。コンサルティングの世界での私の実感もまさにこの通りです。

若い読者の皆さんにとって難しいのは、この「時間軸」です。後から振り返るとあっという間なのですが、20代前半の頃からすると想像ができないほど長い道のりに見えます。私自身もそうでした。

そして、道を究めるという過程に付き物なのが、自分のその時点の実力以上の世界は、その時点では見えない、理解できないという厳然たる事実です。大学生になって小学生の家庭教師をやると、優秀な子とそうでない子の差はすぐにわかりますが、その逆はよくわからない。

王選手やイチロー選手のすごさや悩みは、本当の意味では並みの選手には理解できない。見習いの料理人には、一流の料理人の究めた味と二流の料理人の味の違いがわからない。つまり、10年の具体的な道筋が見えにくいということです。それで、自分は○○さんのようにはなれないと諦めてしまう。

このように、一流になる上での最大の壁の1つは、時間の重さに負けてしまうことです。中学、高校、大学、大学院……と3年程度の刻みの中で生きてきた時間軸から、5年、10年で何を身につけるかという時間軸に転換する必要があります。先が見通せない中で、自分を信じて賭ける必要がある。その賭けるべき対象を見つけ、そこに自分の10年間を賭けること、これが一流になるための第一歩です。

③（頭でなく）体で覚える

本章でご紹介した宮大工は、体で覚える職業です。プロ野球選手もそうでしょう。では、経営者やコンサルティングはどうでしょうか。私は、宮大工やプロ野球選手と同じく、体で覚える職業だと思っています。本章を通じて若い読者の皆さんに最もお伝えしたかったのは、この点です。

例えば経営書やハウツー本で、戦略策定の手法、よい戦略とは何か……などを読んで丸暗記したとしても、それだけでは戦略を策定できるようにはなりません。戦略策定の経験が豊富な方が読めば、自分の経験を整理し形式知化するのにそれなりに役立ちますが、経験がない方が読んでもそれだけでは全く身につかない。やはり、何度も経験を積んで、体で覚えていく必要があります。

落合氏も言います。「自分を大成させてくれるのは自分しかいない。１００回バットを振ったヤツに勝ちたければ、１０１回バットを振る以外には道はない」

高い思考力が求められる将棋の世界ですら、谷川氏が『集中力』でこう語っています。

「子どもが将来将棋に強くなるかどうかは、思いついた手をどんどん指していけるかがポイントで、考え込んで指す子は強くはなれない。私も子どもにしては早指しだったが、羽生さんも早指しで、直観的にどんどん指していくタイプだった。知識や技術にたよるのではなく、閃いた手を指すというのが、将棋が強くなる第一条件である」

コンサルティング業界でも、自分の頭で考えることは重要ですが、頭でっかちで手が動かないフットワークが悪い人は大成しません。とにかく、頭でっかちに考えすぎるよりも、何度も何度も練習し、経験して、体で覚えていくことが大事です。

④現状に満足しないこと

「不安もなく生きていたり、絶対的な自信を持っている人などいない」。それゆえ、「不安だから練習する」「誰もが何らかの不安を抱えてプレーしているからこそ、少しでも不安を払拭しようとして練習する」。二流の選手ではなく、三冠王を3度も取った落合氏の言葉だけに示唆深いものです。

野村克也氏が、王貞治氏の言葉を紹介しています。「上に行けば行くほど、悩みや不安が大きくなる。それを打ち消すために練習に打ち込んだものです」。満足は最大の敵です。

⑤人間性

落合博満氏というとオレ流というわがままなイメージがあるかもしれませんが、こんなことを言っています。「一流には自力でなれるが、超一流になるには協力者が必要」。我々のような凡人は1つずらして、「二流には自力でなれるが、一流になるには協力者が必要」と受け止めてもよいかもしれません。裏方と呼ばれるスタッフのサポートが不可欠だと説きます。

野村克也氏も、巨人V9時代の監督、川上哲治氏の逸話を紹介しています。淡口憲治選手が若いとき、川上氏が彼を評して「彼は親孝行だからいい選手になりますよ」と言っていたのを聞いて、野村氏が、まさにその通りだなと感じ入ったという話です。野村氏によると、一流選手は皆、親孝行なのだそうです。

皆さん、いかがでしたでしょうか。一流とは到達点ではなく、道を究める永遠の過程であり、絶え間ない姿勢のことであると、感じる今日この頃です。

出典：野村克也著『野村再生工場』（2008）、『弱者の兵法』（2011）
落合博満著『采配』（2011）
橋上秀樹著『野村の「監督ミーティング」』（2010）

大海太郎（おおがい・たろう）　第 6 章（2016.2-3）
ウイリス・タワーズワトソン・グループ　タワーズワトソン代表取締役社長
日本興業銀行にて、資産運用業務等に従事した後、マッキンゼー・アンド・カンパニーにおいて本邦大手企業、多国籍企業に対して経営全般の様々な課題についてアドバイス。2003 年にタワーズワトソンに入社し、2006 年よりインベストメント部門を統括。これまで日本の年金基金を中心とした機関投資家向けにガバナンスの構築や運用方針の立案や実施、運用機関の調査・評価に携わり、業界の発展に尽力。2013 年 7 月より現職。公益社団法人日本証券アナリスト協会検定会員。東京大学経済学部卒業。ノースウェスタン大学にて経営学修士（MBA）取得。ファイナンス専攻。

奥野慎太郎（おくの・しんたろう）　第 7 章（2015.9-10）　第 9 章（2014.4）
ベイン・アンド・カンパニー・ジャパン　パートナー
京都大学経済学部卒業、マサチューセッツ工科大学スローン経営大学院経営学修士課程修了。東海旅客鉄道（JR 東海）を経て、ベインに参画。全社戦略・ターンアラウンド（企業再生）、M&A（合併・買収）戦略を中心に、ハイテク、小売り、消費財、製薬、自動車、建設、金融など、幅広い業界のプロジェクトを手掛ける。

清水勝彦（しみず・かつひこ）第 8 章（2016.3-4）
慶應義塾大学大学院経営管理研究科（ビジネススクール）教授
東京大学法学部卒、ダートマス大学エイモス・タックスクール経営学修士(MBA)、テキサス A&M 大学経営学博士（Ph.D.）。コーポレイトディレクション（プリンシプルコンサルタント）、テキサス大学サンアントニオ校助教授、同准教授（テニュア取得）を経て 2010 年から現職。国際学会での業績も多く Strategic Management Journal 等の編集委員（Editorial Board）を務めるほか、近著に『戦略と実行』『経営学者の読み方　あなたの会社が理不尽な理由』（日経 BP 社）などがある。

森健太郎（もり・けんたろう）　第 10 章（2014.12-2015.1）
ボストン コンサルティング グループ　シニア・パートナー＆マネージング・ディレクター
ケンブリッジ大学物理学部卒業。モニターカンパニー、BCG ボストンオフィスを経て現在に至る。消費財、流通、交通・運輸、エンタテインメントの業界を中心に、事業戦略、マーケティング、営業改革などの戦略策定・実行支援プロジェクトを手掛ける。

執筆者一覧

＊章の右側のカッコ内の数字は、初出掲載年月

梅澤高明（うめざわ・たかあき）　第1章（2012.3-4）　第2章（2012.12-2013.1）
A.T. カーニー日本法人会長
東京大学法学部卒業、マサチューセッツ工科大学（MIT）経営学修士。日・米で20年にわたり、戦略・マーケティング・イノベーション・組織関連のコンサルティングを実施。経済産業省・内閣官房の関連会議委員として、クールジャパン戦略の立案、およびクールジャパン機構の創設を支援。内閣府「税制調査会」特別委員、オリパラ組織委員会「テクノロジー諮問委員会」委員。テレビ東京「ワールドビジネスサテライト」コメンテーター。著書に『最強のシナリオプランニング』（編著、東洋経済新報社）、『グローバルエリートの仕事作法』（プレジデント社）など。「NeXTOKYO Project」で、東京の将来ビジョン・特区構想を政府・産業界に提言。

岸本義之（きしもと・よしゆき）　第3章（2014.1-2）　第4章（2015.1-2）
PwC コンサルティング合同会社の Strategy&（旧ブーズ・アンド・カンパニー）シニア・エグゼクティブ・アドバイザー
東京大学経済学部卒業、米国ノースウェスタン大学ケロッグ校 MBA、慶應義塾大学大学院経営管理研究科 Ph.D.。マッキンゼーを経て現職。早稲田大学大学院経営管理研究科客員教授を兼務。20年以上にわたって、金融・サービス・自動車などの業界のマーケティング領域のコンサルティングに従事してきた。

入山章栄（いりやま・あきえ）　第5章（2015.7-8）
早稲田大学ビジネススクール准教授
1996年慶應義塾大学経済学部卒業。98年同大学大学院経済学研究科修士課程修了。三菱総合研究所で主に自動車メーカーや国内外政府機関への調査・コンサルティング業務に従事した後、2003年に同社を退社し、米ピッツバーグ大学経営大学院博士課程に進学。2008年に同大学院より博士号（Ph.D.）を取得。同年より米ニューヨーク州立大学バッファロー校ビジネススクールのアシスタント・プロフェッサー（助教授）に就任。2013年から現職。専門は経営戦略論および国際経営論。主な著書に『世界の経営学者はいま何を考えているのか』（英治出版）『ビジネススクールでは学べない世界最先端の経営学』（日経 BP 社）がある。

日経文庫1357
日本のマネジメントの名著を読む
2016年8月10日　1版1刷

編　者　日本経済新聞社
発行者　斎藤修一
発行所　日本経済新聞出版社
http://www.nikkeibook.com/
東京都千代田区大手町1-3-7　郵便番号100-8066
電話（03）3270-0251（代）

装幀　next door design
印刷・製本　シナノ印刷

ISBN 978-4-532-11357-5